Mandarin
Chinese
Phrase Book
&
Dictionary

Berlitz Publishing
New York   Munich   Singapore

Contacting the Editors
Every effort has been made to provide accurate information in this publication, but changes are inevitable. The publisher cannot be responsible for any resulting loss, inconvenience or injury. We would appreciate it if readers would call our attention to any errors or outdated information. We also welcome your suggestions; if you come across a relevant expression not in our phrase book, please contact us: Berlitz Publishing, 193 Morris Avenue, Springfield, NJ 07081, USA. Email: comments@berlitzbooks.com

Fifth Printing: December 2008
Printed in Singapore

Publishing Director: Sheryl Olinsky Borg
Senior Editor/Project Manager: Lorraine Sova
Translator: Meihua Shi
Proofreader: Qiuxia Shao
Cover Design: Claudia Petrilli
Interior Design: Derrick Lim, Juergen Bartz
Interior Layout: Lexus Ltd.
Production Manager: Elizabeth Gaynor
Cover Photo: © Graphic Vision
Interior Photos: p. 1, ©Studio Fourteen/Brand X Pictures/AgeFotostock; p. 20 ©Getty Images; p. 22, ©Norman Chan, 2007/Shutterstock, Inc.; p. 22, ©Teo Boon Keng Alvin, 2007/Shutterstock, Inc.; p. 20; ©DAJ/Getty Images; p. 34, ©Jack Hollingsworth/Corbis; p. 40, © Alex Fairweather/Alamy ; p. 43, 65, ©MIXA Co., Ltd./Alamy; p. 55, ©Jack Hollingsworth/Corbis; p. 61, ©Emmanuel R. Lacoste, 2007/Shutterstock, Inc.; p. 75, ©Passport Stock/Fotosearch.com; p. 85, ©ImageDJ/Alamy; p. 88, ©espixx/Alamy; p. 99, ©Corbis/Fotosearch.com; p. 102, 113, 116, 126, 141, ©TongRo/Fotosearch.com; p. 108, ©Corbis Collection/Alamy; p. 110, ©Mehdi Chebil/Alamy; p. 135, ©JLImages/Alamy; p. 143, © Royalty-Free/Corbis; p. 146, ©Brooklyn Production/Corbis; p. 148, ©SAS/Alamy; p. 151, ©David McKee, 2006/Shutterstock, Inc.; p. 152, ©Luisa Fernanda Gonzalea, 2007/Shutterstock, Inc.; p. 154, ©Corbis/Fotosearch.com; p. 158, © Purestock/Alamy; p. 165, ©Photodisc/AgeFotostock

Contents

Food

Fun

Dictionary

Pronunciation

The romanized pronunciation system widely used for Chinese is called pīnyīn, pinyin. Not all pinyin letters or letter combinations are pronounced as they normally are in English. A guide to the pronunciation of pinyin follows.

In addition to the Roman alphabet, pinyin also features tonal marks, which represent four Mandarin Chinese tones:

Tone	Mark	Description	Example	Simplified Chinese	Translation
1st	‾	high and level	**mā**	妈	mother
2nd	´	starts medium in tone, then rises to the top	**má**	麻	hemp
3rd	ˇ	starts low at level 2, dips to the bottom and then rises toward the top to level 4	**mǎ**	马	horse
4th	`	starts at the top and then falls sharp and strong to the bottom	**mà**	骂	scold

Vowels without tonal marks are considered "neutral" or fifth tone:

neutral		flat, with no emphasis	**ma**	吗	an expression of mood

Initial Consonants

The following table illustrates the initial sounds in pinyin and their equivalents in English.

Symbol	Approximate Pronunciation	Example	Pronunciation
c	like ts in pits	草	cǎo
ch	like ch in church	吃	chī
h	like ch in Scottish loch	花	huā
q	like ch in chip	旗	qí
r	like r in raw	人	rén
sh	like sh in wash, with the tongue curved at the back of the mouth	是	shì
x	like sh in she, with the tongue resting at the back of the lower teeth	心	xīn
z	like ds in kids	子	zǐ
zh	like j in judge	中	zhōng

The letters b, d, f, g, j, k, l, m, n, p, s, t, w are pronounced generally as in English.

Finals

The following table illustrates the final sounds in pinyin, and their equivalents in English.

Symbol	Approximate Pronunciation	Example	Pronunciation
a	like a in father	八	bā
e	like e in her	鹅	é
i	1. like e in me	1. 一	1. yī
	2. not pronounced after c, s, z	2. 此	2. cǐ
	3. after ch, sh, zh and r, pronounce all letters of the syllable with the tongue curled back, like i in bird	3. 吃	3. chī
o	like aw in awe	我	wǒ
u	like oo in spoon	五	wǔ
ü	like pronouncing you with lips pursed	女	nǚ
ai	like ai in aisle	爱	ài
an	like an in ran	安	ān
ang	like ang in rang	昂	áng
ao	like ow in how	奥	ào
ei	like ei in eight	类	lèi
en	like en in open	恩	ēn
eng	like en in open + g	衡	héng
er	like err, but with the tongue curled back and the sound coming from the back of the throat	二	èr
ia	like ya in yard	下	xià
ian	similar to yen	联	lián

Symbol	Approximate Pronunciation	Example	Pronunciation
iang	like ee-ang	两	liǎng
iao	like ee ee-ow	料	liào
ie	like ye in yes	列	liè
in	like in in thin	林	lín
ing	like ing in thing	龄	líng
iong	like ee-ong	雄	xióng
iu	like yo in yoga	六	liù
ou	like ou in dough	楼	lóu
ong	like oong with oo as in soon	龙	lóng
ua	like wah	华	huá
uai	similar to why	怀	huái
uan	like wahn	环	huán
uang	like wahng	黄	huáng
ue	like u + eh	学	xué
ui	similar to way	会	huì
un	like uan in truant	魂	hún
uo	similar to war	或	huò

There are more than one billion speakers of Mandarin Chinese. It is the official language of the People's Republic of China (PRC), the media in China and schools in China and Taiwan. It is one of four official languages in Singapore. There are many dialects of Chinese spoken throughout China and the world, but Mandarin is the most commonly used in China as well as Taiwan. Mandarin is known as **pǔ tōng huà**, literally, common speech. Besides Mandarin, there are six additional major dialects in China, including Cantonese, which is spoken in Guangdong, Guangxi and Hong Kong. There are also a number of ethnic languages, such as Zhuang, Mongolian and Miao.

Written Chinese is not a combination of letters but ideograms. Chinese is written with characters known as **hàn zì**. Each character represents a syllable of spoken Chinese; more than 80% of Chinese characters are actually compounds of two or more characters.

Chinese in written form can be traditional or simplified. Traditional is used in Taiwan, Hong Kong and Singapore, though the latter two are transitioning to simplified. Traditional Chinese has more strokes and is written vertically in columns from right to left. Simplified Chinese has fewer strokes and is written horizontally from left to right. This phrase book features simplified Chinese.

How to Use This Book

These essential phrases can also be heard on the audio CD.

Sometimes you see two alternatives in italics, separated by a slash. Choose the one that's right for your situation.

Essential

I'm on *vacation [holiday]/business*.	我在度假/出差。 wǒ zài *dù jià/chū chāi*
I'm going to…	我要去… wǒ yào qù…
I'm staying at the… Hotel.	我住在…旅馆。 wǒ zhù zài…lǚ guǎn

You May See...

海关 hǎi guǎn	customs
免税物品 miǎn shuì wù pǐn	duty-free goods
申报物品 shēn bào wù pǐn	goods to declare
不需要申报 bù xū yào shēn bào	nothing to declare

Finding Lodging

Can you recommend…?	你能推荐…吗？ nǐ néng tuī jiàn…ma
– a hotel	–一家旅馆 yì jiā lǚ guǎn
– a hostel	–一间旅舍 yì jiān lǚ shè
– a campsite	–一个露营地 yí gè lù yíng dì

Words you may see are shown in *You May See* boxes.

Any of the words or phrases preceded by dashes can be plugged into the sentence above.

Chinese phrases appear in red.

Pinyin pronunciation follows every Chinese entry. For more on pronunciation, see page 9.

Phone

A *phone card/ prepaid phone*, please.

请往我一张电话卡/预付电话卡。 qǐng wàng wǒ yì zhāng *diàn huà kǎ/yù fù diàn huà kǎ*

Can I have your number?

我可以要你的号码吗？ wǒ kě yǐ yào nǐ de hào mǎ ma

Here's my number.

这是我的号码。 zhè shì wǒ de hào mǎ

▶ For numbers, see page 169.

The arrow indicates a cross reference where you'll find related phrases.

Information boxes contain relevant country, culture and language tips.

i Internet-access centers and cafes can be found in major cities in China. Many hotels offer computer and internet facilities in their business centers as well as wireless internet access in private rooms, usually for a fee.

You May Hear...

你是哪位？ nǐ shì nǎ wèi
请稍等。 qǐng shāo děng
我给你接通。 wǒ gěi nǐ jiē tōng

Who's calling?
Hold on.
I'll put you through.

Expressions you may hear are shown in *You May Hear* boxes.

Color-coded side bars identify each section of the book.

他♂/她♀在开会。 tā♂/tā♀ zài kāi huì

He/She is in a meeting.

When different gender forms apply, the masculine form is followed by ♂; feminine by ♀.

▼ Survival

Arrival and Departure

Essential

I'm on *vacation* [holiday]/business.	我在度假/出差。 wǒ zài dù jià/chū chāi
I'm going to…	我要去… wǒ yào qù…
I'm staying at the… Hotel.	我住在…旅馆。 wǒ zhù zài…lǚ guǎn

You May Hear…

请出示护照。 qǐng chū shì hù zhào	Your passport, please.
你访问的目的是什么？ nǐ fǎng wèn de mù dì shì shén me	What's the purpose of your visit?
你住在哪里？ nǐ zhù zài nǎ li	Where are you staying?
你要呆多久？ nǐ yào dāi duō jiǔ	How long are you staying?
谁和你一起来这里的？ shéi hé nǐ yì qǐ lái zhè li de	Who are you here with?

Passport Control and Customs

I'm just passing through.	我只是过境。 wǒ zhǐ shì guò jìng
I'd like to declare…	我想申报… wǒ xiǎng shēn bào…
I have nothing to declare.	我不需要申报。 wǒ bù xū yào shēn bào

i

U.S. and U.K. citizens must possess a valid passport and visa, issued by the Chinese authorities, to enter China. Tour groups may be issued group visas; the paperwork in this case would be handled by the travel agency.

Before you arrive in China, you will have filled out a declaration form listing any valuables in your possession.

When you leave China, you may be asked to show that you are taking with you the items listed, except for any items declared as gifts.

Contact your consulate for information on obtaining visas and for health requirements and travel advisories.

You May Hear...

需要申报吗？ xū yào shēn bào ma	Anything to declare?
该物品你必须付税。 gāi wù pǐn nǐ bì xū fù shuì	You must pay duty on this.
打开这个包。 dǎ kāi zhè ge bāo	Open this bag.

You May See...

海关 hǎi guān	customs
免税物品 miǎn shuì wù pǐn	duty-free goods
申报物品 shēn bào wù pǐn	goods to declare
不需要申报 bù xū yào shēn bào	nothing to declare
护照检查 hù zhào jiǎn chá	passport control
警察 jǐng chá	police

Money and Banking

Essential

Where's the…?	…在哪里？ …zài nǎ li
– ATM	– 自动取款机 zì dòng qǔ kuǎn jī
– bank	– 银行 yín háng
– currency exchange office	– 货币兑换处 huò bì duì huàn chù
When does the bank open/close?	银行什么时候开门/关门？yín háng shén me shí hou kāi mén/guān mén
I'd like to change dollars/pounds into Ren Min Bi.	我想把美元/英镑换成人民币。wǒ xiǎng bǎ měi yuán/yīng bàng huàn chéng rén mín bì
I'd like to cash traveler's checks [cheques].	我想把旅行支票换成现金。wǒ xiǎng bǎ lǚ xíng zhī piào huàn chéng xiàn jīn

ATM, Bank and Currency Exchange

I'd like to change money/get a cash advance.	我想换钱/预支现金。wǒ xiǎng huàn qián/yù zhī xiàn jīn
What's the exchange rate/fee?	外币兑换率/费用是多少？wài bì duì huàn lǜ/fèi yòng shì duō shǎo
I think there's a mistake.	我觉得出错了。wǒ jué de chū cuò le
I lost my traveler's checks [cheques].	我丢了旅行支票。wǒ diū le lǚ xíng zhī piào

My credit card...	我的信用卡…	wǒ de xìn yòng kǎ…
– was lost	-丢了	diū le
– was stolen	-被偷了	bèi tōu le
– doesn't work	-不能用	bù néng yòng
The ATM ate my card.	自动取款机吞了我的信用卡。	zì dòng qǔ kuǎn jī tūn le wǒ de xìn yòng kǎ

▶ For bank and credit cards, see page 122.

▶ For numbers, see page 169.

Most major credit cards are accepted in China; however, they are accepted only in major shopping malls, stores and banks. A location that accepts credit card payment will display a credit card symbol in a visible place. Traveler's checks are accepted at most large banks in China, but you may have to pay a fee to cash them. Keep the receipt from the bank where your traveler's checks were issued; you may be asked to show the receipt when you have the checks cashed. You can change money at most banks. Some large stores provide this service as well. You can go to the Money Exchange, 外币兑换 (wài bì duì huàn), desk or booth, usually located near the entrance. Cash is still the preferred payment method in China. Remember to bring your passport when you want to change money.

You May See...

从这里插入信用卡 cóng zhè lǐ chā rù xìn yòng kǎ	insert card here
取消 qǔ xiāo	cancel
清除 qīng chú	clear
进入 jìn rù	enter
密码 mì mǎ	PIN
取款 qǔ kuǎn	withdrawal
从支票账户取钱 cóng zhī piào zhàng hù qǔ qián	from checking [current account]
从储蓄账户取钱 cóng chǔ xù zhàng hù qǔ qián	from savings
收据 shōu jù	receipt

i Chinese currency 人民币 **rén mín bì (RMB)**, literally, "people's money", is not tradable outside China. The monetary unit is the 元 **yuán**, which is divided into 角 **jiǎo** and 分 **fēn**. Bill denominations include 1, 2, 5, 10, 20, 50, 100 yuan and 1, 2 and 5 jiao; coins include 1, 2, 5, 10, 50, 100 fen. One yuan is equal to 100 fen while 1 jiao equals 10 fen.

Transportation

Essential

How do I get to town?	我怎么去城里？ wǒ zěn me qù chéng lǐ
Where's the…?	…在哪里？ …zài nǎ li
– airport	– 机场 jī chǎng
– train [railway] station	– 火车站 huǒ chē zhàn
– bus station	– 汽车站 qì chē zhàn
– subway [underground] station	– 地铁站 dì tiě zhàn
How far is it?	它有多远？ tā yǒu duō yuǎn
Where do I buy a ticket?	我在哪里买票？ wǒ zài nǎ li mǎi piào
A one-way/round-trip [return] ticket to…	一张到…的单程/双程票 yī zhāng dào…de *dān chéng/shuāng chéng* piào
How much?	多少钱？ duō shǎo qián
Which…?	哪…？ nǎ…
– gate	– 个门 ge mén
– line	– 条线 tiáo xiàn
– platform	– 个站台 ge zhàn tái
Where can I get a taxi?	我在哪里可以找到出租车？ wǒ zài nǎ li kě yǐ zhǎo dào chū zū chē
Take me to this address.	把我送到这个地址。 bǎ wǒ sòng dào zhè ge dì zhǐ
Can I have a map?	我能买一张地图吗？ wǒ néng mǎi yì zhāng dì tú ma

Ticketing

When's the…to Beijing?	去北京的…是什么时间？	qù běi jīng de…shì shén me shí jiān
– (first) bus	–（第一班）公共汽车	(dì yī bān) gōng gòng qì chē
– (next) flight	–（下一班）飞机	(xià yì bān) fēi jī
– (last) train	–（最后一班）火车	(zuì hòu yì bān) huǒ chē
Where do I buy a ticket?	我在哪里买票？	wǒ zài nǎ li mǎi piào
One/two ticket(s), please.	请给我一张/两张票。	qǐng gěi wǒ yì zhāng/liǎng zhāng piào
For today/tomorrow.	要今天/明天的。	yào jīn tiān/míng tiān de

▶ For days, see page 173.

▶ For time, see page 172.

A…ticket.	一张…票。	yì zhāng…piào
– one-way	–单程	dān chéng
– round-trip [return]	–双程	shuāng chéng
– first class	–头等舱	tóu děng cāng
– business class	–商务舱	shāng wù cāng
– economy class	–经济舱	jīng jì cāng
How much?	多少钱？	duō shǎo qián
Is there a…discount?	…打折吗？	…dǎ zhé ma
– child	–孩子	hái zi
– student	–学生	xué shēng
– senior citizen	–老人	lǎo rén
– tourist	–游客	yóu kè
I have an e-ticket.	我有一张电子票。	wǒ yǒu yì zhāng diàn zǐ piào

Can I buy a ticket on the *bus/train*?	我可以在公共汽车/火车上买票吗？ wǒ kě yǐ zài gōng gòng *qì chē/huǒ chē* shàng mǎi piào ma
Do I have to stamp the ticket before boarding?	我必须在上车前检票吗？ wǒ bì xū zài shàng chē qián jiǎn piào ma
How long is this ticket valid?	这张票多长时间有效？ zhè zhāng piào duō cháng shí jiān yǒu xiào
Can I return on the same ticket?	我可以用同一张票回来吗？ wǒ kě yǐ yòng tóng yì zhāng piào huí lái ma
I'd like to…my reservation.	我想…预定。 wǒ xiǎng…yù dìng
– cancel	–取消 qǔ xiāo
– change	–改变 gǎi biàn
– confirm	–确认 què rèn

Plane

Getting to the Airport

How much is a taxi to the airport?	去机场坐出租车要多少钱？ qù jī chǎng zuò chū zū chē yào duō shǎo qián
To…Airport, please.	请带我去…机场。 qǐng dài wǒ qù…jī chǎng
My airline is…	我的航空公司是… wǒ de háng kōng gōng sī shì…
My flight leaves at…	我的航班…起飞 wǒ de háng bān…qǐ fēi
I'm in a rush.	我在赶时间。 wǒ zài gǎn shí jiān

▶ For time, see page 172.

| Can you take an alternate route? | 你能走另一条路线吗？ nǐ néng zǒu lìng yì tiáo lù xiàn ma |
| Can you drive *faster/slower*? | 你能开快一点/慢一点吗？ nǐ néng kāi *kuài yì diǎn/màn yì diǎn* ma |

You May Hear...

你乘坐哪家航空公司的班机？ What airline are you
nǐ chéng zuò nǎ jiā háng kōng gōng sī de flying?
bān jī

国内还是国际航班？ guó nèi Domestic or international?
hái shì guó jì háng bān

哪一个候机厅 nǎ yí gè hòu jī tīng What terminal?

In addition to China Airlines, many U.S. and U.K. airlines
have frequent flights to China. Main cities, such as Beijing,
Shanghai, Shenzhen, Guangzhou, Tianjin, Chongqing and
Xi'an have international airports with flights to and from
the U.S. and U.K. The procedure for departure and arrivals
is similar to that at an airport in the U.S. and U.K. Duty-
free stores as well as transportation from the airport to the
downtown area are available at most international Chinese
airports.

If you plan to travel throughout China, it is a good idea to
make arrangements in advance. There are a few main tourist
information offices that can help you to book tickets, hotels
and flights: China International Travel Service (CITS), China
Travel Service (CTS) and China Youth Travel Sevice (CYTS).
Visit their websites for more information. Keep in mind that
reservations often need to be made well in advance.

You May See...

抵达 dǐ dá	arrivals
离境 lí jìng	departures
认领行李 rèn lǐng xíng li	baggage claim
安检 ān jiǎn	security
国内航班 guó nèi háng bān	domestic flights
国际航班 guó jì háng bān	international flights
办理登机手续 bàn lǐ dēng jī shǒu xù	check-in
办理电子票登机手续 bàn lǐ diàn zǐ piào dēng jī shǒu xù	e-ticket check-in
登机口 dēng jī kǒu	departure gates

Check-in and Boarding

Where's check-in?	在哪里办理登机手续？zài nǎ li bàn lǐ dēng jī shǒu xù
My name is...	我叫··· wǒ jiào...
I'm going to...	我要去··· wǒ yào qù...
I have...	我有··· wǒ yǒu...
– one suitcase	–一个行李箱 yí ge xíng li xiāng
– two suitcases	–两个行李箱 liǎng ge xíng li xiāng
– one carry-on [piece of hand luggage]	–一件随身行李 yí jiàn suí shēn xíng li
How much luggage is allowed?	允许带几件行李？yǔn xǔ dài jǐ jiàn xíng li
Is that pounds or kilos?	你是指磅还是公斤？nǐ shì zhǐ bàng hái shì gōng jīn
Which *terminal/gate*?	哪个候机厅/登机门？nǎ gè *hòu jī tīng/ dēng jī mén*

I'd like *a window/an aisle* seat.	我想要靠近窗口/过道的座位。wǒ xiǎng yào kào jìn *chuāng kǒu/guò dào* de zuò wèi
When do we *leave/arrive*?	我们几点离开/到达？wǒ men jǐ diǎn *lí kāi/dào dá*
Is the flight delayed?	飞机晚点了吗？fēi jī wǎn diǎn le ma
How late?	有多晚？yǒu duō wǎn

You May Hear…

下一个！xià yí gè	Next!
请出示护照/机票。qǐng chū shì *hù zhào/jī piào*	Your *passport/ticket*, please.
你需要托运行李吗？nǐ xū yào tuō yùn xíng li ma	Are you checking any luggage?
那件随身行李太大。nà jiàn suí shēn xíng li tài dà	That's too large for a carry-on [to carry on board].
你是自己打的包吗？nǐ shì zì jǐ dǎ de bāo ma	Did you pack these bags yourself?
有人让你带东西了吗？yǒu rén ràng nǐ dài dōng xī le ma	Did anyone give you anything to carry?
掏空你的口袋。tāo kōng nǐ de kǒu dài	Empty your pockets.
请脱鞋。qǐng tuō xié	Take off your shoes.
现在…登机。xiàn zài…dēng jī	Now boarding…

Luggage

Where is/are…?	…在哪里？…zài nǎ li
– the luggage carts [trolleys]	–手推车 shǒu tuī chē
– the luggage lockers	–行李暂存箱 xíng li zàn cún xiāng
– the baggage claim	–认领行李 rèn lǐng xíng li

| My luggage has been *lost/stolen*. | 我的行李丢了/被偷了。 | wǒ de xíng li diū le/bèi tōu le |
| My suitcase is damaged. | 我的手提箱被损坏了。 | wǒ de shǒu tí xiāng bèi sǔn huài le |

> *i*
>
> Throughout this phrase book, the pronoun 我 **(wǒ)** (I) is used for simplicity. However, if you are traveling with someone, use 我们 **(wǒ men)** (we).
> Example:
> 我要买票。 **(wǒ yào mǎi piào)** I need a ticket.
> 我们要买票。 **(wǒ men yào mǎi piào)** We need tickets.

▶ For pronouns, see page 166.

Finding Your Way

Where is/are...?	…在哪里？ …zài nǎ li
– the currency exchange	–汇兑 huì duì
– the car rental [hire]	–租车 zū chē
– the exit	–出口 chū kǒu
– the taxis	–出租车 chū zū chē
Is there a...into town?	有没有去城里的…？ yǒu mei yǒu qù chéng lǐ de...
– bus	–公共汽车 gōng gòng qì chē
– train	–火车 huǒ chē
– subway [underground]	–地铁 dì tiě

▶ For directions, see page 40.

Train

Where's the train [railway] station?	火车站在哪里？	huǒ chē zhàn zài nǎ li
How far is it?	它有多远？	tā yǒu duō yuǎn
Where is/are…?	…在哪里？	…zài nǎ li
– the ticket office	– 售票处	shòu piào chù
– the information desk	– 问讯处	wèn xùn chù
– the luggage lockers	– 行李暂存箱	xíng li zàn cún xiāng
– the platforms	– 站台	zhàn tái

▶ For directions, see page 40.

▶ For ticketing, see page 24.

You May See…

站台	zhàn tái	platforms
信息	xìn xī	information
预定	yù dìng	reservations
候车室	hòu chē shì	waiting room
抵达	dǐ dá	arrivals
离开	lí kāi	departures

Questions

Can I have a schedule [timetable]?	给我一张时间表好吗？	gěi wǒ yì zhāng shí jiān biǎo hǎo ma
Is it a direct train?	是直达列车吗？	shì zhí dá liè chē ma
Do I have to change trains?	我要转车吗？	wǒ yào zhuǎn chē ma
How long is the trip?	旅途多长时间？	lǚ tú duō cháng shí jiān
Is the train on time?	火车准时吗？	huǒ chē zhǔn shí ma

i China has a vast rail network and you can travel by train to almost every Chinese city and town. There are different types of train service available: express, 快车 **kuài chē**; regular, 慢车 **màn chē**; and non-stop, 直达 **zhí dá**. For seats, there are five classes: hard seat, soft seat, hard sleeper, soft sleeper and standing. Buy a ticket at the train station or from one of the ticket offices located throughout major cities. Before boarding, have your ticket validated by an attendant at the station. In large cities, stations may have machines to validate your tickets.

Departures

Which track [platform] to…?	哪个站台去…？ nǎ ge zhàn tái qù…
Is this the *track [platform]/train* to…?	这是去…的站台/火车吗？ zhè shì qù…de *zhàn tái/huǒ chē* ma
Where is track [platform]…?	…站台在哪里？ …zhàn tái zài nǎ li
Where do I change for…?	我怎么转车去…？ wǒ zěn me zhuǎn chē qù…

Boarding

Can I *sit here/open the window*?	我可以坐在这里/打开窗子吗？ wǒ kě yǐ *zuò zài zhè li/dǎ kāi chuāng zi* ma
That's my seat.	那是我的座位。 nà shì wǒ de zuò wèi
Here's my reservation.	我预订了这个座位。 wǒ yù dìng le zhè ge zuò wèi

You May Hear...

All aboard!	请大家上车！	qǐng dà jiā shàng chē
Tickets, please.	请出示车票。	qǐng chū shì chē piào
You have to change at Beijing.	你必须在北京换车。	nǐ bì xū zài běijīng huàn chē
Next stop, Shanghai.	下一站是上海。	xià yí zhàn shì shàng hǎi

Bus

Where's the bus station?	汽车站在哪里？	qì chē zhàn zài nǎ li
How far is it?	它有多远？	tā yǒu duō yuǎn
How do I get to...?	我怎么去…？	wǒ zěn me qù…
Is this the bus to...?	这是去…的公共汽车吗？	zhè shì qù…de gōng gòng qì chē ma
Can you tell me when to get off?	你能告诉我什么时候下车吗？	nǐ néng gào sù wǒ shén me shí hòu xià chē ma
Do I have to change buses?	我要换公共汽车吗？	wǒ yào huàn gōng gòng qì chē ma
How many stops to...?	到…有几站？	dào…yǒu jǐ zhàn
Stop here, please!	请在这里停下！	qǐng zài zhè li tíng xià

▶ For ticketing, see page 24.

You May See...

公共汽车站	gōng gòng qì chē zhàn	bus stop
上车/下车	shàng chē/xià chē	enter/exit

i There are three kinds of bus systems in China: public buses for city transportation, tourist buses for sightseeing and long-distance buses for travel outside of town. Most buses run from 6 a.m. to 11 p.m. In major cities, you can purchase a monthly discounted pass for public buses. Tourist buses, which are available in major cities, may offer flexible fares (especially for groups) so be sure to negotiate with the driver. Long-distance buses in China offer service to practically every small town, including those in remote regions not accessible by train or plane. There is a bus station in almost every town, big and small, where you can find information regarding the bus schedule, fares, routes, etc. For public and long-distance buses, buy your ticket at the bus station and have it validated by an attendant before boarding.

Subway [Underground]

Where's the subway [underground] station?	地铁站在哪里？dì tiě zhàn zài nǎ li
A map, please.	请给我一张地图。qǐng gěi wǒ yì zhāng dì tú
Which line for…?	哪条线去…？nǎ tiáo xiàn qù…
Which direction?	哪个方向？nǎ ge fāng xiàng
Do I have to transfer [change]?	我要换地铁吗？wǒ yào huàn dì tiě ma
Is this the subway [train] to…?	这趟地铁去…吗？zhè tàng dì tiě qù…ma
How many stops to…?	到…有几站？dào…yǒu jǐ zhàn
Where are we?	我们在哪里？wǒ men zài nǎ li

▶ For ticketing, see page 24.

i Major cities in China—Beijing, Shanghai, Nanjing, Guangzhou, Shenzhen and Tianjin—have subway systems. Purchase one-trip tickets and discounted montly passes at subway stations; some cities may also offer daily and/or weekend tickets. Request operation times, routes, fares, and other subway information from the ticket booth attendant. At some stations, you simply pay and enter; at others, you buy a ticket at the booth and have the ticket validated by an attendant before boarding. In large cities, stations may have machines to validate your tickets. Maps are available at the ticket booth, usually for a fee.

Boat and Ferry

When is the ferry to…?	去…的轮渡是什么时间？qù…de lún dù shì shén me shí jiān
Where are the life jackets?	救生衣在哪里？jiù shēng yī zài nǎ li

You May See...

救生船	jiù shēng chuán	life boat
救生衣	jiù shēng yī	life jacket

 There is regular ferry and boat service between large coastal cities of China as well as along rivers, particularly the Chang Jiang (Yangzi) and Zhu Jiang (Pearl), but not the Huang He (Yellow). Some islands in Zhejiang, Fujian, Shandong, Guangdong and Liaoning are accessible by ferry. Check with a travel agent or the local ferry terminal for schedules, routes and fares.

Bicycle and Motorcycle

I'd like to rent [hire]...	我想租…	wǒ xiǎng zū...
– a bicycle	–一辆自行车	yí liàng zì xíng chē
– a moped	–电动自行车	diàn dòng zì xíng chē
– a motorcycle	–一辆摩托车	yí liàng mó tuō chē
How much per *day/week*?	一天/星期多少钱？	yì tiān/xīng qī duō shǎo qián
Can I have a *helmet/lock*?	我可以买一顶头盔/一把锁吗？	wǒ kě yǐ mǎi *yì dǐng tóu kuī/yì bǎ suǒ* ma

 Cycling is a popular method of transportation throughout China. Bicycles can be rented in many Chinese towns, either at hotels or bicycle shops. To avoid parking fines and to minimize the risk of having the bicycle stolen, park the bicycle at guarded parking spaces for a small fee.

Taxi

Where can I get a taxi?	我在哪里可以叫出租车？	wǒ zài nǎ li kě yǐ jiào chū zū chē
Do you have the number for a taxi?	你有出租车公司电话吗？	nǐ yǒu chū zū chē gōng sī diàn huà ma
I'd like a taxi *now/for tomorrow at...*	我现在/明天想叫出租车	wǒ *xiàn zài/míng tiān* xiǎng jiào chū zū chē
Pick me up at...	在···接我	zài...jiē wǒ
I'm going to...	我要去···	wǒ yào qù...
– this address	–这个地址	zhè ge dì zhǐ
– the airport	–机场	jī chǎng
– the train [railway] station	–火车站	huǒ chē zhàn
I'm late.	我晚了。	wǒ wǎn le
Can you drive *faster/slower?*	你能开快/慢点吗？	nǐ néng kāi *kuài/màn* diǎn ma
Stop/Wait here.	在这里停车/等我。	zài zhè lǐ *tíng chē/ děng wǒ*
How much?	多少钱？	duō shǎo qián
You said it would cost...	你说过要···	nǐ shuō guò yào...
Keep the change.	不用找零了。	bú yòng zhǎo líng le

You May Hear...

去哪里？ qù nǎ li	Where to?
地址是什么？ dì zhǐ shì shén me	What's the address?
有夜间/机场费。 yǒu *yè jiān/ jī chǎng* fèi	There's a *nighttime/airport* surcharge.

36

i Taxi service in cities is usually meter-based; in smaller towns or in the countryside, you may need to negotiate a flat fee with the driver. Hail a taxi on the street by raising your arm or grab a taxi at taxi stands, located throughout major cities and recognizable by a TAXI sign. There is usually no surcharge for luggage, but a nighttime surcharge may apply. Tipping the taxi driver is not a norm in China, but will be happily accepted.

Car

Car Rental [Hire]

Where's the car rental [hire]?	租车在哪里？ zū chē zài nǎ li
I'd like…	我想要… wǒ xiǎng yào…
– a *cheap/small* car	–一辆便宜的/小一点的汽车 yí liàng *pián yi de/xiǎo yì diǎn de* qì chē
– an automatic/ a manual	–手动/自动 shǒu dòng/zì dòng
– air conditioning	–空调 kōng tiáo
– a car seat	–儿童安全座 ér tóng ān quán zuò
How much…?	…多少钱？ …duō shǎo qián
– per *day/week*	–每天/星期 měi *tiān/xīng qī*
– per kilometer	–每公里 měi gōng lǐ
– for unlimited mileage	–不限里程 bú xiàn lǐ chéng
– with insurance	–有保险 yǒu bǎo xiǎn
Are there any discounts?	打折吗？ dǎ zhé ma

你有国际驾照吗？ nǐ yǒu guó jì jià zhào ma	Do you have an international driver's license?
请出示你的护照。 qǐng chū shì nǐ de hù zhào	Your passport, please.
你想要保险吗？ nǐ xiǎng yào bǎo xiǎn ma	Do you want insurance?
我需要押金。 wǒ xū yào yā jīn	I'll need a deposit.
在这里签上你的名字首 字母/名字。 zài zhè li qiān shàng nǐ de *míng zi shǒu zì mǔ/míng zi*	*Initial/Sign* here.

Car rental agencies are available only in major cities for driving within the city limits. You can, however, hire a driver for a few hours, a day or longer at a rate that you can negotiate. Talk to your hotel concierge about safe rental options.

Gas [Petrol] Station

Where's the gas [petrol] station?	加油站在哪里？ jiā yóu zhàn zài nǎ li
Fill it up.	请加满。 qǐng jiā mǎn
I'll pay *in cash/by credit card.*	我用现金/信用卡付款。 wǒ yòng *xiàn jīn/xìn yòng kǎ* fù kuǎn

▶ For numbers, see page 169.

You May See...

汽油	qì yóu	gas [petrol]
有铅	yǒu qiān	leaded
无铅	wú qiān	unleaded
普通	pǔ tōng	regular
超级	chāo jí	super
优质	yōu zhì	premium
柴油	chái yóu	diesel
自助服务	zì zhù fú wù	self-service
全面服务	quán miàn fú wù	full-service

Asking Directions

Is this the way to...?	这是去…的路吗？ zhè shì qù…de lù ma
How far is it to...?	去…有多远？ qù…yǒu duō yuǎn
Where's...?	…在哪里？ …zài nǎ li
– ...Street	– …街 …jiē
– this address	– 这个地址 zhè ge dì zhǐ
– the highway [motorway]	– 高速公路 gāo sù gōng lù
Can you show me on the map?	你能在地图上指给我看吗？ nǐ néng zài dì tú shàng zhǐ gěi wǒ kàn ma
I'm lost.	我迷路了 wǒ mí lù le

You May Hear...

一直向前	yì zhí xiàng qián	straight ahead
左边	zuǒ biān	left
右边	yòu biān	right
在/转过街角	*zài/zhuǎn guò jiē jiǎo*	*on/around* the corner
对面	duì mian	opposite
后面	hòu mian	behind
旁边	páng biān	next to
后	hòu	after
北/南	běi/nán	north/south
东/西	dōng/xī	east/west
在红绿灯那儿	zài hóng lǜ dēng nà er	at the traffic light
在十字路口	zài shí zì lù kǒu	at the intersection

You May See...

入口/出口	rù kǒu/chū kǒu	entrance/exit
慢	màn	slow
停	tíng	yield

Parking

Can I park here?	我可以停在这里吗？ wǒ kě yǐ tíng zài zhè li ma
Where's the...?	···在哪里？ ...zài nǎ li
– parking garage	– 车库 chē kù
– parking lot [car park]	– 停车场 tíng chē chǎng
– parking meter	– 停车计时器 tíng chē jì shí qì
How much...?	多少钱···？ duō shǎo qián...
– per hour	– 每小时 měi xiǎo shí
– per day	– 每天 měi tiān
– overnight	– 通宵 tōng xiāo

Breakdown and Repairs

My car *broke down/won't start.*	我的汽车坏了/不启动。 wǒ de qì chē huài le/bú qǐ dòng
Can you fix it?	你能修好吗？ nǐ néng xiū hǎo ma
When will it be ready?	什么时候能修好？ shén me shí hou néng xiū hǎo
How much?	多少钱？ duō shǎo qián

Accidents

There was an accident.	出事故了。 chū shì gù le
Call *an ambulance/the police.*	打电话叫一辆救护车/警察。 dǎ diàn huà jiào *yí liàng jiù hù chē/jǐng chá*

Accommodations

Essential

Can you recommend a hotel?	你能推荐一家旅馆吗？ nǐ néng tuī jiàn yì jiā lǚ guǎn ma
I have a reservation.	我有预定。 wǒ yǒu yù dìng
My name is…	我的名字是… wǒ de míng zi shì…
Do you have a room…?	有…的房间吗？ yǒu…de fáng jiān ma
– for *one/two*	– 一/两人 yì/liǎng rén
– with a bathroom	– 带浴室 dài yù shì
– with air conditioning	– 带空调 dài kōng tiáo
For…	住… zhù…
– tonight	– 今天晚上 jīn tiān wǎn shang
– two nights	– 两个晚上 liǎng gè wǎn shang
– one week	– 一个星期 yí gè xīng qī
How much?	多少钱？ duō shǎo qián
Is there anything cheaper?	有没有更便宜的？ yǒu mei yǒu gèng pián yi de
When's check-out?	几点退房？ jí diǎn tuì fáng
Can I leave this in the safe?	我可以把这个留在保险柜吗？ wǒ kě yǐ bǎ zhè ge liú zài bǎo xiǎn guì ma
Can I leave my bags?	我可以把包留下吗？ wǒ kě yǐ bǎ bāo liú xià ma
Can I have *my bill/ a receipt*?	可以给我账单/收据吗？ kě yǐ gěi wǒ *zhàng dān/shōu jù* ma
I'll pay *in cash/by credit card*.	我用现金/信用卡付款。 wǒ yòng *xiàn jīn/xìn yòng kǎ* fù kuǎn

Hotels, 旅馆 **lǚ guǎn**, in China range from budget to luxury. Many quality hotels belong to international hotel chains with service and prices to match. Larger hotels may feature an English-speaking service attendant who holds room keys; handles laundry; sells cigarettes, snacks, drinks and postcards and offers general assistance. Postal, phone and foreign exchange services are usually located on the first floor.

In general, hotels are ranked from three to five stars; the majority of hotels charge a 10–15% service fee. Be sure to reserve accommodations in advance, especially if you plan to visit China during the main tourist seasons: May, September and October.

Worth mentioning are the famous, well-preserved hotels dating from colonial times: Peace Hotel, Shanghai; Grand Hotel, Beijing and People's Hotel, Xi'an. Reservations for these must be made well in advance.

Finding Lodging

Can you recommend…?	你能推荐…吗？	nǐ néng tuī jiàn…ma
– a hotel	–一家旅馆	yì jiā lǚ guǎn
– a hostel	–一间旅舍	yì jiān lǚ shè
– a campsite	–一个露营地	yí gè lù yíng dì
– a bed and breakfast	–一家带早餐的旅店	yì jiā dài zǎo cān de lǚ diàn
What is it near?	它离哪里近？	tā lí nǎ li jìn
How do I get there?	我怎么去那里呢？	wǒ zěn me qù nà li ne

At the Hotel

I have a reservation.	我有预定。	wǒ yǒu yù dìng
My name is…	我的名字是…	wǒ de míng zi shì
Do you have a room…?	有…的房间吗？	yǒu…de fáng jiān ma
– with a *bathroom [toilet]/shower*	–带浴室/淋浴	dài yù shì/lín yù
– with air conditioning	–带空调	dài kōng tiáo
– that's *smoking/ non-smoking*	–那是吸烟/非吸烟房间	nà shì xī yān/fēi xī yān fáng jiān
For…	住…	zhù…
– tonight	–今晚	jīn wǎn
– two nights	–两个晚上	liǎng gè wǎn shang
– a week	–一个星期	yí gè xīng qī

▶ For numbers, see page 169.

Do you have...?	你有···吗？ nǐ yǒu...ma
– a computer	– 电脑 diàn nǎo
– an elevator [a lift]	– 电梯 diàn tī
– (wireless) internet service	– （无线）互联网服务 (wú xiàn) hù lián wǎng fú wù
– room service	– 客房送餐服务 kè fáng sòng cān fú wù
– a TV	– 电视机 diàn shì jī
– a pool	– 游泳池 yóu yǒng chí
– a gym	– 健身房 jiàn shēn fáng
I need...	我需要··· wǒ xū yào...
– an extra bed	– 加床 jiā chuáng
– a cot	– 一张儿童床 yì zhāng ér tóng chuáng
– a crib	– 一个摇篮 yí gè yáo lán

You May Hear...

请出示你的护照/信用卡。 qǐng chū shì nǐ de hù zhào/xìn yòng kǎ	Your *passport/credit card*, please.
填好这份表格。 tián hǎo zhè fèn biǎo gé	Fill out this form.
在这里签名。 zài zhè li qiān míng	Sign here.

Price

How much per *night/week*?	每晚/星期多少钱？ měi *wǎn/xīng qī* duō shǎo qián
Does that include *breakfast/sales tax [VAT]*?	包括吗早餐/销售税？ bāo kuò *zǎo cān xiāo/shòu shuì* ma
Are there any discounts?	有折扣吗？ yǒu zhé kòu ma

Decisions

Can I see the room?	我能看看房间吗？	wǒ néng kàn kan fáng jiān ma
I'd like a…room.	我想要一个…的房间。	wǒ xiǎng yào yí gè…de fáng jiān
– better	－更好	gèng hǎo
– bigger	－更大	gèng dà
– cheaper	－更便宜	gèng pián yi
– quieter	－更安静	gèng ān jìng
I'll take it.	我要这个房间。	wǒ yào zhè ge fáng jiān
No, I won't take it.	不，我不要这个房间。	bù wǒ bú yào zhè ge fáng jiān

Questions

Where's the…?	…在哪里？	…zài nǎ li
– bar	－酒吧	jiǔ bā
– bathroom [toilet]	－浴室	yù shì
– elevator [lift]	－电梯	diàn tī
Can I have…?	我可以要…吗？	wǒ kě yǐ yào…ma
– a blanket	－一条毯子	yì tiáo tǎn zi
– an iron	－一个熨斗	yí gè yùn dǒu
– the *room key/ key card*	－房间钥匙/钥匙卡	fáng jiān *yào shi/yào shi kǎ*
– a pillow	－一个枕头	yí gè zhěn tou
– soap	－一块肥皂	yí kuài féi zào
– toilet paper	－卫生纸	wèi shēng zhǐ
– a towel	－一条毛巾	yì tiáo máo jīn
Do you have an adapter for this?	你有这个的变压器吗？	nǐ yǒu zhè ge de biàn yā qì ma

46

The voltage used in China is 220. You may need an adapter for any appliances and electronics brought into China.

How do I turn on the lights?	我怎么开灯？ wǒ zěn me kāi dēng
Can you wake me at…?	你能在…叫醒我吗？ nǐ néng zài …jiào xǐng wǒ ma
Can I leave this in the safe?	我可以把这个留在保险柜吗？ wǒ kě yǐ bǎ zhè ge liú zài bǎo xiǎn guì ma
Can I have my things from the safe?	我可以从保险柜取我的东西吗？ wǒ kě yǐ cóng bǎo xiǎn guì qǔ wǒ de dōng xi ma
Is there *mail [post]/ a message* for me?	有没有给我的邮件/留言？ yǒu mei yǒu gěiwǒ de *yóu jiàn/liú yán*
What time do you lock up?	几点锁门？ jǐ diǎn suǒ mén

You May See...

推/拉 tuī/lā	push/pull
浴室 yù shì	bathroom [toilet]
淋浴 lín yù	shower
电梯 diàn tī	elevator [lift]
楼梯 lóu tī	stairs
制冰机 zhì bīng jī	ice machines
自动售货机 zì dòng shòu huò jī	vending machines
洗衣 xǐ yī	laundry
请勿打扰 qǐng wù dǎ rǎo	do not disturb
防火门 fáng huǒ mén	fire door
(紧急)出口 (jǐn jí) chū kǒu	(emergency) exit
电话叫醒 diàn huà jiào xǐng	wake-up call

Problems

There's a problem.	出了个问题。 chū le gè wèn tí
I lost my *key/key card*.	我把钥匙/钥匙卡弄丢了。 wǒ bǎ *yào shi/yào shi kǎ* nòng diū le
I'm locked out of the room.	我被锁在房间外面了。 wǒ bèi suǒ zài fáng jiān wài miàn le
There's no *hot water/toilet paper*.	没有热水/卫生纸。 méi yǒu rè *shuǐ/wèi shēng zhǐ*
The room is dirty.	房间很脏。 fáng jiān hěn zāng
There are bugs in the room.	房间有虫。 fáng jiāni yǒu chóng
The…doesn't work.	…不工作。 …bú gōng zuò
Can you fix the…?	你能修修…吗？ nǐ néng xiū xiu…ma
– air conditioning	-空调 kōng tiáo
– fan	-风扇 fēng shàn
– heat [heating]	-暖气 nuǎn qì
– light	-电灯 diàn dēng
– TV	-电视 diàn shì
– toilet	-洗手间 xǐ shǒu jiān
I'd like another room.	我想换房。 wǒ xiǎng huàn fáng

Check-out

When's check-out?	几点退房？ jǐ diǎn tuì fáng
Can I leave my bags here until…?	我可以把包留在这里到…吗？ wǒ kě yǐ bǎ bāo liú zài zhè li dào…ma
Can I have *an itemized bill/ a receipt*?	你能给我一张详细账单/收据吗？ nǐ néng gěi wǒ yì zhāng xiáng xì *zhàng dān/shōu jù* ma
I think there's a mistake.	我认为出错了。 wǒ rèn wéi chū cuò le

I'll pay *in cash/by credit card*.	我用现金/信用卡付款。	wǒ yòng xiàn jīn/xìn yòng kǎ fù kuǎn

Renting

I reserved *an apartment/a room*.	我预订了一套公寓/一间房。	wǒ yù dìng le yì tào gōng yù/yì jiān fáng
My name is…	我的名字是···	wǒ de míng zi shì…
Can I have the *key/key card*?	能给我钥匙/钥匙卡吗？	néng gěi wǒ yào shi/yào shi kǎ ma
Are there…?	有没有···？	yǒu mei yǒu…
– dishes	– 盘子	pán zi
– pillows	– 枕头	zhěn tou
– sheets	– 床单	chuáng dān
– towels	– 毛巾	máo jīn
– utensils	– 餐具	cān jù
When do I put out the *trash [rubbish]/recycling*?	我什么时候倒垃圾/回收品？	wǒ shén me shí hòu dào lā jī/huí shōu pǐn
The…is broken.	···坏了。	…huài le
– air conditioner	– 空调	kōng tiáo
– dishwasher	– 洗碗机	xǐ wǎn jī
– freezer	– 冰柜	bīng guì
– microwave	– 微波炉	wēi bō lú
– refrigerator	– 冰箱	bīng xiāng
– stove	– 炉子	lú zi
– washing machine	– 洗衣机	xǐ yī jī

Household Items

I need...	我需要… wǒ xū yào…
– an adapter	–一个变压器 yí gè biàn yā qì
– aluminum [kitchen] foil	–厨房锡纸 chú fáng xī zhǐ
– a bottle opener	–瓶启子 píng qǐ zi
– a broom	–一把笤帚 yì bǎ tiáo zhou
– a can opener	–开罐器 kāi guàn qì
– cleaning supplies	–清洁用品 qīng jié yòng pǐn
– a corkscrew	–开塞钻 kāi sāi zuàn
– detergent	–洗涤剂 xǐ dí jì
– dishwashing liquid	–洗碗液 xǐ wǎn yè
– garbage [rubbish] bags	–垃圾袋 lā jī dài
– a lightbulb	–一个电灯泡 yí gè diàn dēng pào
– matches	–一些火柴 yì xiē huǒ chái
– a mop	–一把拖把 yì bǎ tuō bǎ
– napkins	–一些餐巾 yì xiē cān jīn
– paper towels	–清洁纸巾 qīng jié zhǐ jīn
– plastic wrap [cling film]	–保鲜膜 bǎo xiān mó
– a plunger	–一个下水道疏通器 yí gè xià shuǐ dào shū tōng qì
– scissors	–一把剪刀 yì bǎ jiǎn dāo
– a vacuum cleaner	–一台吸尘器 yì tái xī chén qì

▶ For dishes and utensils, see page 72.

▶ For oven temperatures, see page 176.

Hostel

Is there a bed available?	有空床吗？ yǒu kòng chuáng ma
Can I have…?	可以给我…吗？ kě yǐ gěi wǒ …ma
– a *single/double* room	一个单人/双人间 yí gè *dān rén/shuāng rén* jiān
– a blanket	一条毯子 yì tiáo tǎn zi
– a pillow	一个枕头 yí gè zhěn tou
– sheets	床单 chuáng dān
– a towel	一条毛巾 yì tiáo máo jīn
Do you have lockers?	有衣物柜吗？ yǒu yī wù guì ma
When do you lock up?	几点锁门？ jǐ diǎn suǒ mén
Do I need a membership card?	要会员证吗？ yào huì yuán zhèng ma
Here's my International Student Card.	这是我的国际学生证。 zhè shì wǒ de guó jì xué shēng zhèng

Hostels in China provide inexpensive accommodation options. Beds in dorm-style rooms are the least costly choice; private rooms—ranging from singles to rooms for six or more—may also be available but will usually be reserved in advance. Be prepared to pay in cash at hostels and other budget accommodations; credit cards are often not accepted, especially at locations in small towns. Hostels in China associated with Hostelling International accept online reservations; these often offer internet service, rent bicycles and more. Visit the Hostelling International website for details.

Camping

Can I camp here?	我可以在这里露营吗？ wǒ kě yǐ zài zhè li lù yíng ma
Where's the campsite?	露营地在哪里？ lù yíng dì zài nǎ li
What is the charge per *day/week*?	每天/星期多少钱？ *měi tiān/xīng qī* duō shǎo qián
Are there…?	有没有…？ yǒu mei yǒu…
– cooking facilities	–烹饪设施 pēng rèn shè shī
– electric outlets	–电源 diàn yuán
– laundry facilities	–洗衣设施 xǐ yī shè shī
– showers	–淋浴 lín yù
– tents for rent [hire]	–供出租的帐篷 gòng chū zū de zhàng peng

You May See...

饮用水 yǐn yòng shuǐ	drinking water
禁止野营 jìn zhǐ yě yíng	no camping
禁止生火/烧烤 jìn zhǐ *shēng huǒ/shāo kǎo*	no *fires/barbecues*

▶ For household items, see page 50.

▶ For dishes and utensils, see page 72.

Camping is fairly uncommon in China; most campsites are located near a preserve or other nature attraction. Check with your travel agent or the concierge at your hotel for more information.

Internet and Communications

Essential

Where's an internet cafe?	网吧在哪里？wǎng bā zài nǎ li
Can I *access the internet/check e-mail*?	我能上网/查电子邮件吗？wǒ néng *shàng wǎng/chá diàn zǐ yóu jiàn* ma
How much per (half) hour?	每(半)个小时多少钱？měi (bàn) gè xiǎo shí duō shǎo qián
How do I *connect/log on*?	我怎么上网/登录？wǒ zěn me *shàng wǎng/dēng lù*
A phone card, please.	请给我一张电话卡。qǐng gěi wǒ yì zhāng diàn huà kǎ
Can I have your phone number?	可以给我你的电话号码吗？kě yǐ gěi wǒ nǐ de diàn huà hào mǎ ma
Here's my *number/e-mail*.	这是我的电话号码/电子邮件地址。zhèshì wǒ de *diàn huà hào mǎ/diàn zǐ yóu jiàn dì zhǐ*
Call/E-mail me.	给我打电话/发电子邮件。gěi wǒ *dǎ diàn huà/fā diàn zǐ yóu jiàn*
Hello. This is…	你好，这是… nǐ hǎo, zhè shì…
Can I speak to…?	我可以与…讲话吗？wǒ kě yǐ yǔ…jiǎng huà ma
Can you repeat that?	你能重复一遍吗？nǐ néng chóng fù yí biàn ma
I'll call back later.	我等一会再打电话。wǒ děng yí huì zài dǎ diàn huà
Bye.	再见。zài jiàn

| Where's the post office? | 邮局在哪里？ yóu jú zài nǎ li |
| I'd like to send this to… | 我想把这个送到… wǒ xiǎng bǎ zhè ge sòng dào… |

Computer, Internet and E-mail

Where's an internet cafe?	网吧在哪里？ wǎng bā zài nǎ li
Does it have wireless internet?	有无线上网吗？ yǒu wú xiàn shàng wǎng ma
How do I turn the computer on/off?	怎么开/关计算机？ zěn me kāi/guān jì suàn jī
Can I…?	我能…吗？ wǒ néng…ma
– access the internet	–上网 shàng wǎng
– check e-mail	–查电子邮件 chá diàn zǐ yóu jiàn
– print	–打印 dǎ yìn
– use any computer	–用计算机 yòng jì suàn jī
How much per (half) hour?	每(半)个小时多少钱？ měi (bàn) gè xiǎo shí duō shǎo qián
How do I…?	怎么…？ zén me…
– connect/ disconnect	–连接/断开 lián jiē/duàn kāi
– log on/log off	–登录/退出 dēng lù/tuì chū
– type this symbol	–输入这个符号 shū rù zhè ge fú hào
What's your e-mail?	你的电子邮件地址是什么？ nǐ de diàn zǐ yóu jiàn dì zhǐ shì shén me
My e-mail is…	我的电子邮件是… wǒ de diàn zǐ yóu jiàn shì…

You May See...

关闭	guān bì	close
删除	shān chú	delete
电子邮件	diàn zǐ yóu jiàn	e-mail
退出	tuì chū	exit
帮助	bāng zhù	help
即时讯息	jí shí xùn xī	instant messenger
互联网	hù lián wǎng	internet
登录	dēng lù	login
新(信息)	xīn (xìn xī)	new (message)
开/关	kāi/guān	on/off
打开	dǎ kāi	open
打印	dǎ yìn	print
保存	bǎo cún	save
送	sòng	send
用户名/密码	yòng hù míng/mì mǎ	username/password
无线上网	wú xiàn shàng wǎng	wireless internet

Internet-access centers and cafes can be found in major cities in China. Many hotels offer computer and internet facilities in their business centers as well as wireless internet access in private rooms, usually for a fee.

Phone

A *phone card/ prepaid phone*, please.	请往我一张电话卡/预付电话卡。 qǐng wàng wǒ yì zhāng *diàn huà kǎ/yù fù diàn huà kǎ*
An international phonecard for…	给…打电话的国际电话卡 gěi…dǎ diàn huà de guó jì diàn huà kǎ
– Australia	– 澳洲 ào zhōu
– Canada	– 加拿大 jiā ná dà
– Ireland	– 爱尔兰 ài ěr lán
– the U.K.	– 英国 yīng guó
– the U.S.	– 美国 měi guó
How much?	多少钱? duō shǎo qián
Can I *recharge/buy minutes for* this phone?	我能给这个电话再加钱/购买更多的分钟吗? wǒ néng gěi zhè ge diàn huà *zài jiā qián/gòu mǎi gèng duō de fēn zhōng ma*
My phone doesn't work here.	我的电话在这里不能用。 wǒ de diàn huà zài zhè li bù néng yòng
What's the *area/ country* code for…?	区号/国家代码是什么? *qū hào/guó jiā dài mǎ* shì shén me
What's the number for Information?	问讯台号码是多少? wèn xùn tái hào mǎ shì duō shǎo
I'd like the number for…	我想要…的号码 wǒ xiǎng yào…de hào mǎ
I'd like to call collect [reverse the charges].	我想打对方付费电话。 wǒ xiǎng dǎ duì fāng fù fèi diàn huà
Can I have your number?	我可以要你的号码吗? wǒ kě yǐ yào nǐ de hào mǎ ma
Here's my number.	这是我的号码。 zhè shì wǒ de hào mǎ

▶ For numbers, see page 169.

| Please *call/text* me. | 请给我打电话/发短信。 qǐng gěi wǒ dǎ diàn huà/fā duǎn xìn |
| I'll *call/text* you. | 我会给你打电话/发短信。 wǒ huì gěi nǐ dǎ diàn huà/fā duǎn xìn |

On the Phone

Hello. This is…	你好。这是… nǐ hǎo zhè shì…
Can I speak to…?	我可以和…讲话吗？ wǒ kě yǐ hé…jiǎng huà ma
Extension…	请转… qǐng zhuǎn…
Speak *louder/more slowly*, please.	请大声/慢慢讲。 qǐng *dà shēng/màn man* jiǎng
Can you repeat that?	你能重复吗？ nǐ néng chóng fù ma
I'll call back later.	我等一会再打电话。 wǒ děng yí huì zài dǎ diàn huà
Bye.	再见。 zài jiàn

i

Public phones can be found in most cities in China but rarely in remote areas. These phones are usually coin-operated; some may be designed for use with phone cards, which can be purchased from grocery stores or newsstands. For a better rate, make your international call from calling centers or stalls, available in larger cities. Local calls in China are often free of charge. Avoid making international calls from hotels, where high surcharges are added to the already high cost of the call.
For national calls, dial 0 + area code + the phone number.
For calls to the U.S. or Canada, dial 00 + 1 + area code + phone number.
For calls to the U.K., dial 00 + 44 + area code + phone number.

You May Hear...

你是哪位？ nǐ shì nǎ wèi	Who's calling?
请稍等。 qǐng shāo děng	Hold on.
我给你接通。 wǒ gěi nǐ jiē tōng	I'll put you through.
他♂/她♀不在这儿/正在接另一个电话。 tā ♂/tā ♀ bù zài zhè er/zhèng zài jiē lìng yí gè diàn huà	He/She is *not here/on another line*.
你要不要留言？ nǐ yào bù yào liú yán	Would you like to leave a message?
以后/十分钟以后再打。 yǐ hòu/shí fēn zhōng yǐ hòu zài dǎ	Call back *later/in 10 minutes*.
他♂/她♀可以给你打电话吗？ tā ♂/tā ♀ kě yǐ gěi nǐ dǎ diàn huà ma	Can he/she call you back?
你的号码是什么？ nǐ de hào mǎ shì shén me	What's your number?

Fax

Can I *send/receive* a fax here?	这里能发/接传真吗？ zhè lǐ néng *fā/jiē* chuán zhēn ma
What's the fax number?	传真号是多少？ chuán zhēn hào shì duō shǎo
Please fax this to…	请把这个传真给… qǐng bǎ zhè ge chuán zhēn gěi…

Post Office

Where's the *post office/mailbox [postbox]*?	邮局/邮箱在哪里？	*yóu jú/yóu xiāng zài nǎ li*
A stamp for this *postcard/letter* to…	把这张明信片/封信寄到…的邮票	*bǎ zhè zhāng míng xìn piàn/fēng xìn jì dào…de yóu piào*
How much?	多少钱？	*duō shǎo qián*
Send this package by *airmail/express*	…寄这个包裹用航空/用快件	*…jì zhè ge bāo guǒ yòng háng kōng/yòng kuài jiàn*
A receipt, please.	请给我收据。	*qǐng gěi wǒ shōu jù*

You May Hear…

填好海关申报表。 tián hǎo hǎi
guān shēn bào biǎo

Fill out the customs
declaration form.

价值是多少？ jià zhí shì duō shǎo

What's the value?

里面装的是什么？ lǐ miàn
zhuāng de shì shén me

What's inside?

i
Post offices can be found throughout China. They normally
provide express, registered, overnight and general mail
service. Additionally, Chinese post offices feature banking
services: withdrawals, money transfers and ATMs. They may
also take payment on behalf of utility companies. Online postal
services are available; you can mail your packages, track their
status, wire money, order merchandise, pay your utility bills
and subscribe to newspapers and journals. Most online postal
sites are in Chinese only.

▼ Food

Eating Out

Essential

Can you recommend a good *restaurant/bar*?	你能推荐一家好餐馆/酒吧吗？ nǐ néng tuī jiàn yì jiā hǎo *cān guǎn/jiǔ bā* ma
Is there a *traditional Chinese/inexpensive* restaurant nearby?	附近有没有传统的中国/不贵的餐馆？ fù jìn yǒu mei yǒu *chuán tǒng de zhōng guó/bú gui de* cān guǎn
A table for…, please.	请给我…人的桌子。 qǐng gěi wǒ…rén de zhuō zǐ
Can we sit…?	我们可以坐在… 吗？ wǒ men kě yǐ zuò zài…ma
– here/there	-这里/那里 zhè li/nà li
– outside	-外面 wài miàn
– in a non-smoking area	-禁烟区 jìn yān qū
I'm waiting for someone.	我在等人。 wǒ zài děng rén
Where's the restroom [toilet]?	洗手间在哪里？ xǐ shǒu jiān zài nǎ li
A menu, please.	请给我一份菜单。 qǐng gěi wǒ yí fèn cài dān
What do you recommend?	你推荐什么菜呢？ nǐ tuī jiàn shén me cài ne
I'd like…	我想要… wǒ xiǎng yào…
Some more…, please.	请再给我一些… qǐng zài gěi wǒ yì xiē…
Enjoy your meal!	请享用！ qǐng xiǎng yòng
The check [bill], please.	请给我账单。 qǐng gěi wǒ zhàng dān

Is service included?	包括服务费吗？ bāo kuò fú wù fèi ma
Can I *pay by credit card/have a receipt*?	我可以用信用卡付账/拿一张收据吗？ wǒ kě yǐ *yòng xìn yòng kǎ fù zhàng/ná yì zhāng shōu jù* ma
Thank you!	谢谢！ xiè xie

Restaurant Types

Can you recommend…?	你能推荐…吗？ nǐ néng tuī jiàn…ma
– a restaurant	––家餐馆 yì jiā cān guǎn
– a bar	––间酒吧 yì jiān jiǔ bā
– a cafe	––间咖啡馆 yì jiān kā fēi guǎn
– a fast-food place	––间快餐店 yì jiān kuài cān diàn
– a snack bar	––间小吃店 yì jiān xiǎo chī diàn
– a teahouse	––间茶馆 yì jiān chá guǎn

Authentic Chinese food should be one of the highlights of your trip. By Chinese tradition, food should be filling and have a healing effect; a Chinese meal is based on balance. In addition to Chinese eateries, Korean and Japanese restaurants are popular, as are international fast-food restaurants. Because of size of the country, Chinese cuisine varies greatly from region to region. The main styles are:

Beijing (Northern) cuisine
Wheat, not rice, is the staple in northern China, so Beijing cuisine is comprised mainly of noodles, steamed bread and dumplings. Beijing is the place to order Peking duck, a roasted, crispy-skinned duck wrapped in wafer-thin pancake with spring onions and sweet bean sauce.

Cantonese (Southern) cuisine

The majority of Chinese restaurants outside of China feature Cantonese-style cooking, so you will likely be familiar with the dishes and flavors. Steaming and stir-frying are the signatures of Cantonese cooking; these methods preserve the food's natural colors, flavors and vitamins. Rice, steamed or stir-fried, is the traditional accompaniment to a Cantonese-style meal.

Hunan (Central) cuisine

Chili pepper is a popular spice here, as in the neighboring Sichuan region, home of Szechuan cuisine. Hunan cuisine is known for rich sweet-and-sour sauces. Smoked and cured food is also popular.

Shanghai (Eastern) cuisine

Seafood and vegetable dishes abound, since this cuisine is based around the coastal areas of Shanghai. Be sure to sample the steamed freshwater crab, honey-fried eel, yellowfish and sautéed shrimp.

Szechuan (Western) cuisine

This province is well-known for its hot, peppery dishes. Food is not just spicy; Szechuan cooking combines a number of flavors: bitter, sweet, tart and sour.

The Chinese tend to eat early. Breakfast, 早饭 **zǎo fàn**, is usually served from 6–8 a.m. and lunch, 中饭 **zhōng fàn**, from 11 a.m.–1 p.m. You probably won't be able to order dinner, 晚饭 **wǎn fàn**, past 8 p.m., except in the south, where social life continues until late in the evening. Chinese meals are enjoyed in a group. Tables often have revolving platforms so the various dishes can be shared; using chopsticks lengthens the reach.

Reservations and Questions

I'd like to reserve a table…	我想预订一张…的桌子 wǒ xiǎng yù dìng yì zhāng…de zhuō zi
– for 2	–两人 liǎng rén
– for this evening	–今晚 jīn wǎn
– for tomorrow at…	–明天… míng tiān…
A table for 2, please.	请给我一张两人的桌子。qǐng gěi wǒ yì zhāng liǎng rén de zhuō zǐ
We have a reservation.	我们有预订。wǒ men yǒu yù dìng
My name is…	我的名字是… wǒ de míng zì shì…
Can we sit…?	我们可以坐在…吗？wǒ men kě yǐ zuò zài…ma
– here/there	–这里/那里 zhè li/nà li
– outside	–外面 wài miàn
– in a non-smoking area	–禁烟区 jìn yān qū
– by the window	–靠窗口 kào chuāng kǒu
Where's the restroom [toilet]?	洗手间在哪里？xǐ shǒu jiān zài nǎ li

You May Hear...

你有预订吗？	nǐ yǒu yù dìng ma	Do you have a reservation?
多少人？	duō shǎo rén	How many?
吸烟区还是禁烟区？	xī yān qū hái shi jìn yān qū	Smoking or non-smoking?
你可以点菜了吗？	nǐ kě yǐ diǎn cài le ma	Are you ready to order?
你想吃什么呢？	nǐ xiǎng chī shén me ne	What would you like?
我推荐···	wǒ tuī jiàn...	I recommend...
请享用。	qǐng xiǎng yòng	Enjoy your meal.

Ordering

Waiter/Waitress!	服务员/女服务员！fú wù yuán/nǚ fú wù yuán
We're ready to order.	我们可以点菜了。wǒ men kě yǐ diǎn cài le
The wine list, please.	请给我酒水单。qǐng gěi wǒ jiǔ shuǐ dān
I'd like...	我想要··· wǒ xiǎng yào...
– a bottle of...	－一瓶··· yì píng...
– a carafe of...	－一小桶··· yì xiǎo tǒng...
– a glass of...	－一杯··· yì bēi...

▶ For alcoholic and non-alcoholic drinks, see page 83.

The menu, please.	请给我菜单 qǐng gěi wǒ cài dān
Do you have...?	你是否有···? nǐ shì fǒu yǒu...
– a menu in English	－英语菜单 yīng yǔ cài dān
– a fixed-price menu	－固定价格菜单 gù dìng jià gé cài dān
– a children's menu	－儿童菜单 ér tóng cài dān
What do you recommend?	你推荐什么？nǐ tuī jiàn shén me

What's this?	这是什么？	zhè shì shén me
What's in it?	里面是什么？	lǐ miàn shì shén me
Is it spicy?	它是辣的吗？	tā shì là de ma
Without…, please.	请不要放…	qǐng bú yào fàng…
It's to go [take away].	我要拿走。	wǒ yào ná zǒu

You May See…

附加费 fù jiā fèi	cover charge
固定价格 gù dìng jià gé	fixed-price
菜单 cài dān	menu
当日菜单 dāng rì cài dān	menu of the day
（没有）包括服务费 (méi yǒu) bāo kuò fú wù fèi	service (not) included
配菜 pèi cài	side dishes
特色菜 tè sè cài	specials

Cooking Methods

baked	烤 kǎo
boiled	煮 zhǔ
braised	焖 mèn
breaded	裹面粉 guǒ miàn fěn
creamed	提取乳脂 tí qǔ rǔ zhī
diced	切成小方块 qiē chéng xiǎo fāng kuài
fileted	去骨切片 qù gǔ qiē piàn
fried	油煎 yóu jiān
grilled	烤 kǎo
poached	水煮 shuǐ zhǔ

roasted	烤 kǎo
sautéed	炒 chǎo
smoked	熏 xūn
steamed	蒸 zhēng
stewed	炖 dùn
stuffed	有馅 yǒu xiàn

Special Requirements

I'm...	我是… wǒ shì …
– diabetic	–糖尿病患者 táng niào bìng huàn zhě
– lactose intolerant	–乳糖过敏者 rǔ táng guò mǐn zhě
– vegetarian	–素食者 sù shí zhě
I'm allergic to...	我对…过敏 wǒ duì…guò mǐn
I can't eat...	我不能吃… wǒ bù néng chī…
– dairy	–乳制品 rǔ zhì pǐn
– gluten	–面筋 miàn jīn
– nuts	–坚果 jiān guǒ
– pork	–猪肉 zhū ròu
– shellfish	–贝类 bèi lèi
– spicy foods	–辣的 là de
– wheat	–面食 miàn shí
Is it *halal/kosher*?	它是清真食品/犹太食品吗？ tā shì *qīng zhēn shí pǐn/yóu tài shí pǐn* ma

Dining With Kids

Do you have children's portions?	你们有儿童餐吗？ nǐ men yǒu ér tóng cān ma
A *highchair/child's seat*, please.	请给我一把高脚椅/儿童座椅。 qǐng gěi wǒ yì bǎ *gāo jiǎo yǐ/ér tong zuò yǐ*

Where can I *feed/change* the baby?	我在哪里可以喂婴儿/给婴儿换尿布？ wǒ zài nǎ li kě yǐ wèi yīng ér/gěi yīng ér huàn niào bù
Can you warm this?	你能把它加热吗？ nǐ néng bǎ tā jiā rè ma

▶ For travel with children, see page 147.

Complaints

How much longer will our food be?	还需要多长时间给我们上菜？ hái xū yào duō cháng shí jiān gěi wǒ men shàng cài
We can't wait any longer.	我们我不能再等了。 wǒ men wǒ bù néng zài děng le
We're leaving.	我们要走了。 wǒ men yào zǒu le
I didn't order this.	我没要这份菜。 wǒ méi yào zhè fèn cài
I ordered...	我要了… wǒ yào le...
I can't eat this.	这个不能吃。 zhè ge bù néng chī
This is too...	这个太… zhè ge tài...
– cold/hot	–冷/热 lěng/rè
– salty/spicy	–咸/辣 xián/là
– tough/bland	–硬/无味 yìng/wú wèi
This isn't *clean/fresh*.	这个不干净/新鲜。 zhè ge bù *gān jìng/xīn xian*

Paying

The check [bill], please.	请给我账单。 qǐng gěi wǒ zhàng dān
Separate checks [bills], please.	请分开结账。 qǐng fēn kāi jié zhàng
It's all together.	一起结账。 yì qǐ jié zhàng
Is service included?	服务费包括在内吗？ fú wù fèi bāo kuò zài nèi ma

What's this amount for?	这是什么费用？ zhè shì shén me fèi yòng
I didn't have that. I had…	我没吃那个。我吃的是… wǒ méi chī nà ge wǒ chī de shì…
Can I have *a receipt/ an itemized bill*?	我能要一张发票/明细账单吗？ wǒ néng yào yì zhāng fā piào/míng xì zhàng dān ma
That was delicious!	那个很好吃！ nà ge hěn hào chī

Tipping is not expected in China. However, service charges may apply in some restaurants, especially those that offer private rooms. You won't see tax included on the bill; there is no sales tax in China.

Market

| Where are the *carts [trolleys]/baskets*? | 推车/篮子在哪里？ tuī chē/lán zi zài nǎ li |
| Where is…? | …在哪里？ …zài nǎ li |

▶ For food items, see page 88.

I'd like some of *that/this*.	我想要些那个/这个。 wǒ xiǎng yào xiē *nà ge/zhè ge*
Can I taste it?	我能尝尝吗？ wǒ néng cháng chang ma
I'd like…	我想要… wǒ xiǎng yào…
– a kilo/half-kilo of…	– 一公斤/半公斤… yì gōng jīn/bàn gōng jīn…
– a liter of…	– 一升… yì shēng…
– a piece of…	– 一块… yí kuài…
– a slice of…	– 一片… yí piàn…
More./Less.	更多。/更少。 gèng duō/gèng shǎo
How much?	多少钱？ duō shǎo qián

Where do I pay?	我在哪里付钱？	wǒ zài nǎ li fù qián
A bag, please.	请给我一个袋子。	qǐng gěi wǒ yí gè dài zi
I'm being helped.	有人帮我了。	yǒu rén bāng wǒ le

▶ For conversion tables, see page 175.

You May Hear...

我可以帮你吗？	wǒ kě yǐ bāng nǐ ma	Can I help you?
你想要什么？	nǐ xiǎng yào shén me	What would you like?
还要别的吗？	hái yào bié de ma	Anything else?
那是…人民币。	nà shì…rén mín bì	That's…Ren Min Bi.

i In major cities, you'll find supermarkets selling a variety of goods, often imported, as well as food items. Most food shopping is done at local markets, where fresh meat, fish, fruit and vegetables can be found. Rice, noodles and other staples are sold at shops labelled 主食店 **zhǔ shí diàn**. Small grocery stores, called 副食店 **fù shí diàn**, sell various goods, including meat, fish, cooking spices, sauces, etc. You may also be able to purchase cigars and liquors at these stores.

You May See...

过期日 guò qī rì	expiration date
卡路里 kǎ lù lǐ	calories
无脂肪 wú zhī fáng	fat free
需冷藏 xū lěng cáng	keep refrigerated
也许含有微量… yě xǔ hán yǒu wēi liàng …	may contain traces of…
微波炉可用 wēi bō lú kě yòng	microwaveable
在…之前出售 zài…zhī qián chū shòu	sell by…
适合素食者 shì hé sù shí zhě	suitable for vegetarians

Dishes, Utensils and Kitchen Tools ———

bottle opener	开瓶器 kāi píng qì
bowl	碗 wǎn
can opener	开罐器 kāi guàn qì
ceramic spoon	汤勺 tāng sháo
corkscrew	开塞钻 kai sāi zuàn
clay pot	沙锅 shā guō
cup	杯子 bēi zi
fork	叉子 chā zi
frying pan	煎锅 jiān guō
glass	玻璃杯 bō li bēi
knife	餐刀 cān dāo
grater	擦菜板 cā cài bǎn
napkin	餐巾 cān jīn
plate	盘子 pán zi
pot	锅 guō

spatula	铲子 chǎn zǐ
spoon	勺子 sháo zǐ
steamer	蒸锅 zhēng guō
wok	炒锅 chǎo guō

Meals

Breakfast

bacon	咸肉 xián ròu
bread	面包 miàn bāo
butter	黄油 huáng yóu
cereal	麦片粥 mài piàn zhōu
cheese	乳酪 rǔ-lào
coffee/tea...	···咖啡/茶 ...kā fēi/chá
– black	– 黑 hēi
– decaf	– 无咖啡因的 wú kā fēi yīn de
– with milk	– 加牛奶 jiā niú nǎi
– with sugar	– 加糖 jiā táng
– with artificial sweetener	– 加人造甜味剂（糖精）jiā rén zào tián wèi jì (táng jīng)
deep-fried dough sticks	油条 yóu tiáo
egg, fried	的鸡蛋油煎 de jī dàn yóu jiān
egg, *hard-/soft*-boiled	的鸡蛋煮得老/嫩 de jī dàn zhǔ dé *lǎo/nèn*
egg, hard-boiled in tea-leaf water	茶叶蛋 chá yè dàn
jam/jelly	果酱/果冻 guǒ jiàng/guǒ dòng

...juice	...汁 ...zhī
– apple	– 苹果 píng guǒ
– grapefruit	– 葡萄柚 pú táo yòu
– orange	– 橙子 chéng zi
milk	牛奶 niú nǎi
oatmeal	燕麦粥 yàn mài zhōu
omelet	摊鸡蛋 tān jī dàn
rice porridge	粥 zhōu
sausage	香肠 xiāng cháng
sesame seed cake	芝麻烧饼 zhī ma shāo bing
soy milk	豆奶 dòu nǎi
steamed bun	馒头 mán tou
steamed, stuffed bun	包子 bāo zi
toast	吐司 tǔ sī
yogurt	酸奶 suān nǎi
water	水 shuǐ

Continental breakfast is served at most hotels that cater to Europeans and Americans. If you prefer a Chinese breakfast, your meal will usually be comprised of rice or wheat porridge, to which almost anything can be added: fried dough, salted fish, etc. Noodle soup with pieces of pork and/or vegetables is another popular Chinese breakfast.

| I'd like... | 我想要… wǒ xiǎng yào… |
| More..., please. | 请给我再来点… qǐng gěi wǒ zài lái diǎn... |

Appetizers [Starters]

chicken feet	鸡爪	jī zhǎo
cold jellyfish in sauce	凉拌海蜇皮	liáng bàn hǎi zhé pí
cold stewed beef in sauce	卤牛肉	lǔ niú ròu
crispy vinegar cucumber	凉拌黄瓜	liáng bàn huáng guā
pickles	泡菜	pào cài
preserved egg	皮蛋	pí dàn
shrimp with salt and pepper	椒盐虾	jiāo yán xiā
sliced ham	火腿片	huǒ tuǐ piàn
smoked meat	熏肉	xūn ròu
spring roll	春卷	chūn juǎn
steamed dumplings	蒸饺	zhēng jiǎo
steamed meat bun	蒸肉包子	zhēng ròu bāo zi

With/Without..., please.	请加/不加…	*qǐng jiā/bù jiā…*
I can't have...	我不能吃…	*wǒ bù néng chī…*

Chinese appetizers are ordered before a meal. In many restaurants, you can order a platter of a different appetizers, which are mostly cold dishes.

Soup

...soup	···汤	... tāng
– bean curd	–豆腐汤	dòu fu
– chicken	–鸡汤	jī
– corn and egg	–玉米蛋汤	yù mǐ dàn
– egg drop	–蛋花汤	dàn huā
– hot and sour	–酸辣汤	suān là
– meat, seafood and egg	–三鲜汤	sān xiān
– pork	–肉丝汤	ròu sī
– seafood	–海鲜汤	hǎi xiān
– spare rib	–排骨汤	pái gǔ
– squid	–鱿鱼汤	yóu yú
– tomato	–蕃茄汤	fān qié
– vegetable	–蔬菜汤	shū cài

 When in China, you may wish to follow Chinese etiquette. Sip your soup directly from the soup bowl or use the ceramic soup spoon provided. Elbows remain on the table and bowls are lifted off the table while enjoying the soup.

I'd like...	我想要··· wǒ xiǎng yào...
More..., please.	请给我再来点··· qǐng gěi wǒ zài lái diǎn...

Egg Dishes

eggs with Chinese chives	韭菜炒鸡蛋	jiǔ cài chǎo jī dàn
eggs with cucumber	黄瓜炒鸡蛋	huáng guā chǎo jī dàn
eggs with a mixture of chopped meat and vegetables	芙蓉蛋	fú róng dàn
eggs with peeled freshwater shrimp	虾仁炒鸡蛋	xiā rén chǎo jī dàn
pickled egg	皮蛋	pí dàn
steamed egg pasty	鸡蛋羹	jī dàn gēng

Tofu Dishes

breaded tofu	锅塌豆腐	guō tā dòu fu
cold tofu with garlic sauce	凉拌豆腐	liáng bàn dòu fu
crushed tofu with pickled egg	皮蛋豆腐	pí dàn dòu fu
fried, stuffed tofu	锅贴豆腐	guō tiē dòu fu
spicy tofu	麻婆豆腐	má pó dòu fu
sauteed tofu	熘豆腐	liū dòu fu
tofu in a clay pot	沙锅豆腐	shā guō dòu fu
tofu with fish	鱼片豆腐	yú piàn dòu fu
tofu with meatballs	肉丸豆腐	ròu wán dòu fu
tofu with peeled freshwater shimp	虾仁豆腐	xiā rén dòu fu

With/Without…, please.	请加/不加…	qīng *jiā*/bù *jiā*…
I can't have…	我不能吃…	wǒ bù néng chī…

Fish and Seafood —————————————

English	Chinese	Pinyin
carp	鲤鱼	lǐ yú
clam	蛤蜊	gé lí
cod	鳕鱼	xuě yú
crab	螃蟹	páng xiè
crucian carp	鲫鱼	jì yú
grass carp	草鱼	cǎo yú
halibut	大比目鱼	dà bǐ mù yú
hairtail	带鱼	dài yú
herring	鲱鱼	fēi yú
lobster	龙虾	lóng xiā
octopus	章鱼	zhāng yú
oyster	牡蛎	mǔ lì
salmon	三文鱼	sān wén yú
sea bass	鲈鱼	lú yú
shrimp	虾	xiā
silver carp	鲢鱼	lián yú
sole	板鱼	bǎn yú
squid	鱿鱼	yóu yú
swordfish	箭鱼	jiàn yú
trout	鳟鱼	zūn yú
tuna	金枪鱼	jīn qiāng yú

| I'd like… | 我想要… | wǒ xiǎng yào… |
| More…, please. | 请给我再来点… | qǐng gěi wǒ zài lái diǎn… |

Meat and Poultry

cured pork	咸肉	xián ròu
beef	牛肉	niú ròu
chicken	鸡肉	jī ròu
duck	鸭肉	yā ròu
ham	火腿	huǒ tuǐ
(pork) heart	猪心	zhū xīn
(pork) kidney	猪腰	zhū yāo
lamb	羊肉	yáng ròu
liver	猪肝	zhū gān
oxen entrails	牛杂	niú zá
pork	猪肉	zhū ròu
rabbit	兔肉	tù ròu
sausage	香肠	xiāng cháng
spare ribs	猪排	zhū pái
steak	牛排	niú pái
pork tripe	猪肚	zhū dǔ
veal	小牛肉	xiǎo niú ròu
oxen tripe	牛百叶	niú bǎi yè

Vegetables and Staples

asparagus	芦笋	lú sǔn
broccoli	绿花菜	lǜ huā cài
cabbage	圆白菜	yuán bái cài
carrot	胡萝卜	hú luó bo

With/Without..., please.	请加/不加…	qǐng jiā/bù jiā...
I can't have...	我不能吃…	wǒ bù néng chī...

cauliflower	花菜 huā cài
celery	芹菜 qín cài
Chinese cabbage	白菜 bái cài
Chinese water spinach	空心菜 kōng xīn cài
corn	玉米 yù mǐ
Chinese long bean	豇豆 jiāng dòu
eggplant [aubergine]	茄子 qié zi
garlic	蒜 suàn
green bean	扁豆 biǎn dòu
leaf mustard	芥菜 jiè cài
lettuce	生菜 shēng cài
mushroom	蘑菇 mó gū
nori (type of seaweed)	紫菜 zǐ cài
olive	橄榄 gǎn lǎn
scallion	大葱 dà cōng
noodles	面条 miàn tiáo
pea	豌豆 wān dòu
potato	土豆 tǔ dòu
radish	萝卜 luó bo
rice	(大)米饭 (dà) mǐ fàn
red/green pepper	红/青柿子椒 *hóng/qīng shì zi jiāo*
seaweed	海带 hǎi dài
soy bean	黄豆 huáng dòu
spinach	菠菜 bō cài
tofu	豆腐 dòu fu

| I'd like… | 我想要… wǒ xiǎng yào… |
| More…, please. | 请给我再来点… qǐng gěi wǒ zài lái diǎn… |

tomato	蕃茄	fān qié
vegetable	蔬菜	shū cài
zucchini	绿皮西葫芦	lǜ pí xī hú lu

i The proper way to eat a bowl of rice is to hold the bowl up with one hand and push the rice into your mouth with chopsticks. Do not stick the chopsticks upright into a bowl of rice; this is considered an ominous sign as it resembles incense sticks burned for funerals or at shrines. When finished with your meal, rest the chopsticks across the top of the bowl.

Fruit

apple	苹果	píng guǒ
apricot	杏	xìng
banana	香蕉	xiāng jiāo
cherry	樱桃	yīng táo
Chinese dates	枣	zǎo
mandarin orange	橘子	jú zi
fruit	水果	shuǐ guǒ
grapefruit	葡萄柚	pú táo yòu
grape	葡萄	pú táo
crab apple	山楂	shān zhā
kiwi	猕猴桃	mí hóu táo
lychee	荔枝	lì zhī
lemon	柠檬	níng méng
lime	酸橙	suān chéng

| With/Without..., please. | 请加/不加… | qǐng jiā/bù jiā… |
| I can't have... | 我不能吃… | wǒ bù néng chī… |

mango	芒果 máng guǒ
longan fruit	桂圆 guì yuán
melon	瓜 guā
orange	橙子 chéng zi
peach	桃子 táo zi
pear	梨 lí
pineapple	菠萝 bō luó
plum	李子 lǐ zi
pomegranate	石榴 shí liu
red bayberry	杨梅 yáng méi
strawberry	草莓 cǎo méi

Dessert

rice pudding with sweetened bean paste, dates, raisins, lotus seed, dried longan pulp	八宝饭 bā bǎo fàn
mixed fruit	水果 shuǐ guǒ
sweetened red bean paste	红豆沙 hóng dòu shā
haws on sticks (fruit similar to a crab apple, sugared and eaten off skewers)	糖葫芦 táng hú lu
sauteed mushrooms with milk	清炒蘑菇 qīng chǎo mó gu
stuffed banana	夹沙香蕉 jiá shā xiāng jiāo

| I'd like… | 我想要… wǒ xiǎng yào… |
| More…, please. | 请给我再来点… qǐng gěi wǒ zài lái diǎn… |

breaded and stuffed apple slices	酥炸苹果盒　sū zhá píng guǒ hé
apples slices with raisins	爽口苹果沙拉　shuǎng kǒu píng guǒ shā lā
kiwi with carrot paste	水果雪泥　shuǐ guǒ xuě ní
ice cream with soda	雪碧冰淇凌　xuě bì bīng qí líng
apple in hot toffee	拔丝苹果　bá sī píng guǒ
peanut cake	花生小甜饼　huā shēng xiǎo tián bǐng

The Chinese rarely finish a meal with dessert but, instead, have fruit. In general sweets are eaten as snacks. You can buy desserts at bakeries and teahouses; some supermarkets have a section for desserts as well.

Drinks

Essential

The *wine list/drink menu*, please.	请给我酒水单/饮料单。 qǐng gěi wǒ jiǔ shuǐ dān/yǐn liào dān
What do you recommend?	你推荐什么？ nǐ tuī jiàn shén me
I'd like a *bottle/glass* of *red/white* wine.	我想要瓶/杯红/白葡萄酒。 wǒ xiǎng yào píng/bēi hóng/bái pú táo jiǔ
The house wine, please.	请给我当家酒。 qǐng gěi wǒ dāng jiā jiǔ

With/Without..., please.	请加/不加… qǐng *jiā/bù jiā*...
I can't have...	我不能吃… wǒ bù néng chī...

Another *bottle/glass*, please.	请再给我一瓶/杯。qǐng zài gěi wǒ yì píng/bēi
I'd like a local beer.	我想喝当地的啤酒。wǒ xiǎng hē dāng dì de pí jiǔ
Can I buy you a drink?	我可以给你买饮料吗？wǒ kě yǐ gěi nǐ mǎi yǐn liào ma
Cheers!	干杯！gān bēi
A *coffee/tea*, please.	请给我一杯咖啡/茶。qǐng gěi wǒ yì bēi kā fēi/chá
Black.	黑 hēi
With...	加… jiā…
– milk	–牛奶 niú nǎi
– sugar	–糖 táng
– artificial sweetener	–人造甜味剂 rén zào tián wèi jì
A..., please.	请给我一杯… qǐng gěi wǒ yì bēi…
– juice	–果汁 guǒ zhī
– soda	–苏打水 sū dá shuǐ
– (sparkling/still) water	–（汽/纯净）水（qì/chún jìng）shuǐ
Is the water safe to drink?	这水可以喝吗？zhè shuǐ kě yǐ hē ma

Non-alcoholic Drinks

coffee	咖啡 kā fēi
cola	可乐 kě lè
hot chocolate	热巧克力 rè qiǎo kè lì
juice	果汁 guǒ zhī
...tea	…茶 …chá
– green	–绿 lǜ
– iced	–冰 bīng

– jasmine	–茉莉花 mò lì huā
– lemon	–柠檬 níng méng
– milk	–奶 nǎi
– oolong	–乌龙 wū lóng
milk	牛奶 niú nǎi
soda	苏打水 sū dá shuǐ
soymilk	豆奶 dòu nǎi
(sparkling/still) water	（汽/纯净）水 (qì/chún jìng) shuǐ
yogurt drink	酸奶 suān nǎi

> *i* Tea is the most popular beverage in China. Though teahouses are not as common as they once were, they are still an ideal location to sample the traditional drink, enjoyed without milk or sugar. In most hotel rooms are flasks with hot water and green or black teabags.
>
> Ground coffee is hard to find, though instant coffee is generally available.
>
> Do not drink water directly from the tap. Instead, try mineral water or Chinese soft drinks—generally very sweet—which are sold everywhere. Milk is hard to find; try an international supermarket if soy milk isn't an alternative for you.

You May Hear...

我可以给你买饮料吗？ wǒ kě yǐ gěi nǐ mǎi yǐn liào ma — Can I get you a drink?

加牛奶还是糖？ jiā niú nǎi hái shì táng — With milk or sugar?

汽水还是纯净水？ qì shuǐ hái shì chún jìng shu — Sparkling or still water?

Aperitifs, Cocktails and Liqueurs

brandy	白兰地酒 bái lán dì jiǔ
Chinese liqueurs	白酒 bái jiǔ
gin	杜松子酒 dù sōng zǐ jiǔ
rum	兰姆酒 lán mǔ jiǔ
scotch	苏格兰威士忌酒 sū gé lán wēi shì jì jiǔ
tequila	龙舌兰酒 long shé lán jiǔ
vodka	伏特加酒 fú tè jiā jiǔ
whisky	威士忌酒 wēi shì jì jiǔ

Beer

beer	啤酒 pí jiǔ
bottled/draft/canned	瓶／生／罐 píng/shēng/guàn
dark/light	黑／淡 hēi/dàn
local/imported	当地／进口 dāng dì/jìn kǒu
Tsingtao® beer	青岛啤酒 qīng dǎo pí jiǔ

Wine

wine	葡萄酒 pú tao jiǔ
champagne	香槟 xiāng bīn
red/white	红葡萄酒/白葡萄酒 hóng pú tao jiǔ/bái pú tao jiǔ
house/table	当家酒/佐餐酒 dāng jiā jiǔ/zuǒ cān jiǔ
dry/sweet	干葡萄酒/甜葡萄酒 gān pú tao jiǔ/tián pú tao jiǔ
sparkling	汽酒 qì jiǔ
dessert wine	饭后甜酒 fàn hòu tián jiǔ

Though the Chinese are not widely known for their alcoholic drinks, there is a surprisingly large choice on offer. Wine has been made in China for thousands of years; each region has its own speciality, usually made from rice, fruit, flowers or herbs. Chinese wine is generally sweet.

Tsingtao® is a popular Chinese beer, brewed from the spring water of the Laoshan mountain. You may wish to try a local beer, too; each region has its own.

Chinese liqueurs are often infused with local favorites such as bamboo leaves, chrysanthemum and cloves. Most famous spirits include: 茅台酒 **máo tái jiǔ** and 五粮液 **wǔ liáng yè**.

almond	杏仁	xìng rén
anchovy	鲥鱼	shí yú
aperitif	开胃酒	kāi wèi jiǔ
apple	苹果	píng guǒ
apricot	杏子	xìng zi
artichoke	宝塔菜	bǎo tǎ cài
artificial sweetener	人造甜味剂	rén zào tián wèi jì
asparagus	芦笋	lú sǔn
avocado	鳄梨	è lí
banana	香蕉	xiāng jiāo
bass	鲈鱼	lú yú
bay leaf	月桂叶	yuè guì yè
bean	豆子	dòu zi
bean sprout	豆芽	dòu yá
beef	牛肉	niú ròu
beer	啤酒	pí jiǔ

beet	甜菜	tián cài
blood sausage	血肠	xuě cháng
brandy	白兰地酒	bái lán dì jiǔ
bread	面包	miàn bāo
breast (of chicken)	鸡胸肉	jī xiōng ròu
broth	汤	tāng
butter	黄油	huáng yóu
buttermilk	酪乳	lào rǔ
cabbage	圆白菜	yuán bái cài
cake	蛋糕	dàn gāo
candy [sweets]	糖果	táng guǒ
caramel	麦芽糖	mài yá táng
caraway	芷茴香	zhǐ huí xiang
carrot	胡萝卜	hú luó bo
cashew	腰果	yāo guǒ
cauliflower	花菜	huā cài
celery	芹菜	qín cài
cereal	麦片粥	mài piàn zhōu
cheese	乳酪	rǔ lào
cherry	樱桃	yīng táo
chervil	细叶芹	xì yè qín
chestnut	栗子	lì zi
chicken	鸡肉	jī ròu
chickpea	鹰嘴豆	yīng zuǐ dòu
chicory	菊苣	jú jù
chili pepper	辣椒	là jiāo
Chinese dates	枣	zǎo
Chinese liquor	白酒	bái jiǔ

chives	韭菜 jiǔ cài
chocolate	巧克力 qiǎo kè lì
chop	剁 duò
chopped meat	肉馅 ròu xiàn
cider	苹果汁 píng guǒ zhī
cilantro [coriander]	香菜 xiāng cài
cinnamon	肉桂 ròu guì
clam	蛤蜊 gé li
clove	丁香 dīng xiāng
coconut	椰子 yē zi
cod	鳕鱼 xuě yú
coffee	咖啡 kā fēi
consommé	清炖肉汤 qīng dùn ròu tāng
cookie [biscuit]	曲奇 qǔ qí
cornmeal	玉米面 yù mǐ miàn
crab	螃蟹 páng xiè
crab apple	山楂 shān zhā
crabmeat	蟹肉 xiè ròu
cracker	薄脆饼干 báo cuì bǐng gān
cream	奶油 nǎi yóu
cream, whipped	发泡奶油 fā pào nǎi yóu
cream cheese	乳酪 rǔ lào
crucian carp	鲫鱼 jì yú
cucumber	黄瓜 huáng guā
cumin	小茴香 xiǎo huí xiang
cured pork	咸肉 xián ròu
custard	蛋羹 dàn gēng
dessert wine	饭后甜酒 fàn hòu tián jiǔ

duck	鸭肉 yā ròu
dumpling	饺子 jiǎo zi
eel	鳗鱼 màn yú
egg	鸡蛋 jī dàn
egg *yolk/white*	蛋黄/蛋白 dàn *huáng/bái*
eggplant [aubergine]	茄子 qié zi
endive	莴荬菜 wō mǎi cài
escarole [chicory]	苣荬菜 jù mǎi cài
fennel	茴香 huí xiang
fig	无花果 wú huā guǒ
fish	鱼 yú
French fries	炸薯条 zhá shǔ tiáo
fritter	油炸馅饼 yóu zhá xiàn bǐng
fruit	水果 shuǐ guǒ
game	野味 yě wèi
garlic	蒜 suàn
garlic sauce	蒜香汁 suàn xiāng zhī
gherkin	嫩黄瓜 nèn huáng guā
giblet	杂碎 zá suì
gin	杜松子酒 dù sōng zǐ jiǔ
ginger	姜 jiāng
goat	羊肉 yáng ròu
goat cheese	羊酪 yáng lào
goose	鹅肉 é ròu
gooseberry	鹅莓 é méi
grapefruit	柚子 yòu zi
grapes	葡萄 pú táo
grass carp	草鱼 cǎo yú

green bean	青豆	qīng dòu
guava	番石榴	fān shí liu
guinea fowl	珍珠鸡	zhēn zhū jī
haddock	黑线鳕	hēi xiàn xuě
hake	无须鳕	wú xū xuě
halibut	大比目鱼	dà bǐ mù yú
ham	火腿	huǒ tuǐ
hamburger	汉堡包	hàn bǎo bāo
hazelnut	榛子	zhēn zi
heart	心脏	xīn zàng
hen	母鸡	mǔ jī
herb	草本	cǎo běn
herring	鲱鱼	fēi yú
honey	蜂蜜	fēng mì
hot dog	热狗	rè gǒu
hot pepper sauce	辣酱	là jiàng
ice (cube)	冰	bīng
ice cream	冰淇凌	bīng qi líng
jam	果酱	guǒ jiàng
jelly	果冻	guǒ dòng
juice	果汁	guǒ zhī
ketchup	番茄酱	fān qié jiàng
kid	小羊肉	xiǎo yáng ròu
kidney	腰花	yāo huā
kiwi	猕猴桃	mí hóu táo
lamb	小羊肉	xiǎo yáng ròu
leek	韭葱	jiǔ cōng
leg	大腿肉	dà tuǐ ròu

lemon	柠檬	níng méng
lemonade	柠檬水	níng méng shuǐ
lentil	扁豆	biǎn dòu
lettuce	生菜	shēng cài
lime	酸橙	suān chéng
liver	肝脏	gān zàng
lobster	龙虾	lóng xiā
longan fruit	桂圆	guì yuán
loin	腰肉	yāo ròu
macaroni	通心粉	tōng xīn fěn
mackerel	鲭鱼	qīng yú
mandarin orange	橘子	jú zi
mango	芒果	máng guǒ
margarine	人造黄油	rén zào huáng yóu
marmalade	橘子酱	jú zi jiàng
marzipan	小杏仁饼	xiǎo xìng rén bǐng
mayonnaise	蛋黄酱	dàn huáng jiàng
meat	肉	ròu
melon	瓜	guā
meringue	蛋白甜饼	dàn bái tián bǐng
milk	牛奶	niú nǎi
milk shake	奶昔	nǎi xī
mint	薄荷	bò hé
monkfish	扁鲨	biǎn shā
mushroom	蘑菇	mó gū
mussel	淡菜	dàn cài
mustard	芥末	jiè mo
mutton	羊肉	yáng ròu

noodle	面条 miàn tiáo
nori (a type of seaweed)	紫菜 zǐ cài
nougat	牛乳糖 niú rǔ táng
nutmeg	肉豆蔻 ròu dòu kòu
nuts	坚果 jiān guǒ
octopus	章鱼 zhāng yú
olive	橄榄 gǎn lǎn
olive oil	橄榄油 gǎn lǎn yóu
omelet	摊鸡蛋 tān jī dàn
onion	葱 cōng
orange	橙子 chéng zi
orange liqueur	甜橙酒 tián chéng jiǔ
oregano	牛至 niú zhì
organ meat [offal]	杂碎 zá suì
ox	黄牛肉 huáng niú ròu
oxtail	牛尾 niú wěi
oyster	牡蛎 mǔ lì
pancake	烙饼 lào bǐng
papaya	番木瓜 fān mù guā
paprika	辣椒粉 là jiāo fěn
pastry	酥皮点心 sū pí diǎn xīn
peach	桃子 táo zi
peanut	花生 huā shēng
pear	梨 lí
peas	豌豆 wān dòu
pecan	胡桃 hú táo
pepper (seasoning)	胡椒调味料 hú jiāo tiáo wèi liào
pepper (vegetable)	柿子椒 shì zi jiāo

pheasant	野鸡	yě jī
pickle	泡菜	pào cài
pie	馅饼	xiàn bǐng
pineapple	菠萝	bō luó
pizza	比萨饼	bǐ sà bǐng
plum	李子	lǐ zi
pomegranate	石榴	shí liu
pork	猪肉	zhū ròu
port	葡萄酒	pú táo jiǔ
potato	土豆	tǔ dòu
potato chips [crisps]	薯片	shǔ piàn
poultry	禽肉	qín ròu
prune	梅干	méi gàn
pumpkin	南瓜	nán guā
quail	鹌鹑	ān chún
rabbit	兔子肉	tù zi ròu
radish	萝卜	luó bo
raisin	葡萄干	pú táo gān
red bayberry	杨梅	yáng méi
red cabbage	红叶卷心菜	hóng yè juǎn xīn cài
relish	调味品	tiáo wèi pǐn
rhubarb	大黄	dà huáng
rice	大米	dà mǐ
roast	烘烤	hōng kǎo
roast beef	烤牛肉	kǎo niú ròu
roll	卷	juǎn
rum	兰姆酒	lán mǔ jiǔ
salad	沙拉	shā lā

salami	蒜味咸腊肠	suàn wèi xián là cháng
salmon	三文鱼	sān wén yú
salt	盐	yán
sandwich	三明治	sān míng zhì
sardine	沙丁鱼	shā dīng yú
sauce	调味汁	tiáo wèi zhī
sausage	香肠	xiāng cháng
scallion [spring onion]	大葱	dà cōng
scallop	扇贝	shàn bèi
scotch	苏格兰威士忌酒	sū gé lán wēi shì jì jiǔ
sea bass	鲈鱼	lú yú
sea perch	中国花鲈	zhōng guó huā lú
seafood	海鲜	hǎi xiān
seaweed	海带	hǎi dài
shallot	青葱	qīng cōng
shank	小腿肉	xiǎo tuǐ ròu
shellfish	贝类	bèi lèi
sherry	雪利酒	xuě lì jiǔ
shoulder	蹄膀肉	tí pang ròu
shrimp	虾	xiā
silver carp	鲢鱼	lián yú
sirloin	牛腩	niú nán
snack	零食	líng shí
snail	蜗牛	wō niú
soda	苏打水	sū dá shuǐ
sole	板鱼	bǎn yú
soup	汤	tāng
sour cream	酸奶油	suān nǎi yóu

soy [soya]	大豆	dà dòu
soy sauce	酱油	jiàng yóu
soybean [soya bean]	大豆	dà dòu
soymilk [soya milk]	豆奶	dòu nǎi
spaghetti	(意)细条实心面	(Italian) xì tiáo shí xīn miàn
spices	调味品	tiáo wèi pǐn
spinach	菠菜	bō cài
spirits	酒	jiǔ
squash	南瓜	nán guā
squid	乌贼	wū zéi
steak	牛排	niú pái
stewed fruit	炖果子	dùn guǒ zi
strawberry	草莓	cǎo méi
suckling pig	乳猪	rǔ zhū
sugar	糖	táng
sweets	甜点	tián diǎn
sweet and sour sauce	甜酸酱	tián suān jiàng
sweet corn	甜玉米	tián yù mǐ
sweet pepper	甜椒	tián jiāo
sweet potato	红薯	hóng shǔ
sweetener	糖精	táng jīng
swordfish	剑鱼	jiàn yú
syrup	糖浆	táng jiāng
tangerine	蜜桔	mì jú
tarragon	龙蒿	lóng hāo
tea	茶	chá
thyme	麝香草	shè xiang cǎo
tofu	豆腐	dòu fu

toast	烤面包	kǎo miàn bāo
tomato	蕃茄	fān qié
tongue	舌头	shé tou
tonic water	奎宁水	kuí níng shuǐ
tripe	肚子	dǔ zi
trout	鳟鱼	zūn yú
truffles	块菌	kuài jūn
tuna	金枪鱼	jīn qiāng yú
turkey	火鸡	huǒ jī
turnip	白萝卜	bái luó bo
vanilla	香草	xiāng cǎo
veal	小牛肉	xiǎo niú ròu
vegetable	蔬菜	shū cài
venison	鹿肉	lù ròu
vermouth	苦艾酒	kǔ ài jiǔ
vinegar	醋	cù
vodka	伏特加	fú tè jiā
waffle	奶蛋烘饼	nǎi dàn hōng bǐng
walnut	核桃	hé tao
water	水	shuǐ
watercress	水田芥	shuǐ tián jiè
watermelon	西瓜	xī guā
wheat	面粉	miàn fěn
whisky	威士忌	wēi shì jì
wine	葡萄酒	pú táo jiǔ
yogurt	酸奶	suān nǎi
zucchini [courgette]	绿皮西葫芦	lǜ pí xī hú lu

▼ *People*

Talking

Essential

Hello!	你好！ nǐ hǎo
How are you?	你好吗？ nǐ hǎo ma
Fine, thanks.	很好，谢谢。hěn hǎo, xiè xie
Excuse me!	请问！ qǐng wèn
Do you speak English?	你讲英语吗？ nǐ jiǎng yīng yǔ ma
What's your name?	你叫什么名字？ nǐ jiào shén me míng zi
My name is…	我叫… wǒ jiào …
Nice to meet you.	见到你很高兴。jiàn dào nǐ hěn gāo xìng
Where are you from?	你从哪里来？ nǐ cóng nǎ li lái
I'm from the *U.S./ U.K.*	我从美国/英国来。wǒ cóng *měi guó/ yīng guó* lái
What do you do?	你做什么工作？ nǐ zuò shén me gōng zuò
I work for…	我为…工作。wǒ wéi…gōng zuò
I'm a student.	我是学生。wǒ shì xué shēng
I'm retired.	我退休了。wǒ tuì xiū le
Do you like…?	你想…？ nǐ xiǎng…
Goodbye.	再见。zài jiàn

It is polite to address people with: Sir, 先生 (**xiān shēng**), Madam, 女士 (**nǚ shì**) or Miss, 小姐 (**xiǎo jiě**). The Chinese also give special respect to older men and women by addressing them with 大爷 (**dà ye**) and 大娘 (**dà niáng**), respectively.

Communication Difficulties

Do you speak English?	你说英语吗？ nǐ shuō yīng yǔ ma
Does anyone here speak English?	这里有谁说英语吗？ zhè li yǒu shuí shuō yīng yǔ ma
I don't speak Chinese.	我不会说中文。 wǒ bú huì shuō zhōng wén
Can you speak more slowly?	你能说慢一点吗？ nǐ néng shuō màn yì diǎn ma
Can you repeat that?	你能重复一下吗？ nǐ néng chóng fù yí xià ma
Excuse me?	请问？ qǐng wèn
What was that?	那是什么？ nà shì shén me
Can you spell it?	你能把它拼出来吗？ nǐ néng bǎ tā pīn chū lái ma
Please write it down.	请把它写下来。 qǐng bǎ tā xiě xià lái
Can you translate this into English for me?	你能把这个翻译成英语吗？ nǐ néng bǎ zhè ge fān yì chéng yīng yǔ ma
What does *this/that* mean?	这个/那个是什么意思？ *zhè ge/nà ge* shì shén me yì si
I understand.	我明白了。 wǒ míng bai le
I don't understand.	我不明白。 wǒ bù míng bai
Do you understand?	你明白了吗？ nǐ míng bai le ma

You May Hear...

我只说一点英语。 wǒ zhī shuō yì diǎn yīng yǔ	I only speak a little English.
我不会说英语。 wǒ bú huì shuō yīng yǔ	I don't speak English.

Making Friends

Hello!	你好！ nǐ hǎo
Good morning.	早晨好。 zǎo chén hǎo
Good afternoon.	下午好。 xià wǔ hǎo
Good evening.	晚上好。 wǎn shang hǎo
My name is…	我的名字是… wǒ de míng zi shì…
What's your name?	你叫什么名字？ nǐ jiào shén me míng zi
I'd like to introduce you to…	我想向你介绍… wǒ xiǎng xiàng nǐ jiè shào…
Pleased to meet you.	见到你很高兴。 jiàn dào nǐ hěn gāo xìng
How are you?	你好吗？ nǐ hǎo ma
Fine, thanks. And you?	很好，谢谢。你呢？ hěn hǎo xiè xiè nǐ ne

i A light, quick handshake is generally an accepted greeting in China. A subtle nod and slight bow are other common greetings. You may also see someone lowering his or her eyes upon meeting someone; this is a gesture of respect.

Travel Talk

I'm here…	我在这里…	wǒ zài zhè li…
– on business	– 出差	chū chāi
– on vacation [holiday]	– 度假	dù jià
– studying	– 学习	xué xí
I'm staying for…	我要呆…	wǒ yào dài…
I've been here…	我在这里已经…了	wǒ zài zhè li yǐ jīng…le
– a day	– 一天	yì tiān
– a week	– 一个星期	yí gè xīng qī
– a month	– 一个月	yí gè yuè

▶ For numbers, see page 169.

Where are you from?	你从哪里来?	nǐ cóng nǎ li lái
I'm from…	我来自…	wǒ lái zì…
Have you ever been to…?	你去过…吗?	nǐ qù guò…ma
– Australia	– 澳洲	ào zhōu
– Canada	– 加拿大	jiā ná dà
– Ireland	– 爱尔兰	ài ěr lán
– the U.K.	– 英国	yīng guó
– the U.S.	– 美国	měi guó

Relationships

Who are you with?	你和谁一起来的？ nǐ hé shuí yì qǐ lái de
I'm here alone.	我是一个人来的。 wǒ shì yí gè rén lái de
I'm with my...	我和我的…一起来的。 wǒ hé wǒ de...yì qǐ lái de
– husband/wife	–丈夫/妻子 zhàng fu/qī zi
– boyfriend/girlfriend	–男/女朋友 nán/nǚ péng you
– friend(s)/colleague(s)	–朋友/同事 péng yǒu/tóng shì
When's your birthday?	你的生日是什么时候？ nǐ de shēng rì shì shén me shí hòu
How old are you?	你多大年纪了？ nǐ duō dà nián jì le
I'm...	我… wǒ ...

▶ For numbers, see page 169.

Are you married?	你结婚了吗？ nǐ jié hūn le ma
I'm...	我… wǒ...
– single/in a relationship	–单身/有固定朋友 dān shēn/yǒu gù dìng péng you
– engaged/married	–订婚/结婚了 dìng hūn/jié hūn le
– divorced/separated	–离婚/分居了 lí hūn/fēn jū le
– widowed	–寡居 guǎ jū
Do you have *children/grandchildren*?	你有孩子/孙子吗？ nǐ yǒu *hái zi/sūn zi* ma

Work and School

What do you do?	你做什么工作？	nǐ zuò shén me gōng zuò
What are you studying?	你在学什么？	nǐ zài xué shén me
I'm studying Chinese.	我在学中文。	wǒ zài xué zhōng wén
I…	我…	wǒ…
– am a consultant	– 是一位顾问	shì yí wèi gù wèn
– am unemployed	– 失业了	shī yè le
– work at home	– 在家工作	zài jiā gōng zuò
Who do you work for?	你为谁工作？	nǐ wèi shéi gōng zuò
I work for…	我为…工作。	wǒ wèi…gōng zuò
Here's my business card.	这是我的名片。	zhè shì wǒ de míng piàn

▶ For business travel, see page 144.

Weather

What's the forecast?	天气预报如何？	tiān qì yù bào rú hé
What *beautiful/terrible* weather!	今天天气真好/不好！	jīn tiān tiān qì zhēn hǎo/bù hǎo
It's…	今天…	jīn tiān…
– cool/warm	– 凉快/暖和	liáng kuài/nuǎn huo
– cold/hot	– 冷/热	lěng/rè
– rainy/sunny	– 下雨/晴天	xià yǔ/qíng tiān
– snowy/icy	– 下雪/有冰	xià xuě/yǒu bīng
Do I need *a jacket/an umbrella*?	我需要外套/雨伞吗？	wǒ xū yào *wài tào/yǔ sǎn* ma

▶ For temperature, see page 176.

Romance

Essential

Would you like to go out for *a drink/ dinner*?	你想出去喝一杯/吃晚饭吗? *nǐ xiǎng chū qù hē yì bēi/chī wǎn fàn ma*
What are your plans for *tonight/ tomorrow*?	今晚/明天你有什么计划吗? *jīn wǎn/ míng tiān nǐ yǒu shén me jì huà ma*
Can I have your number?	可以给我你的电话号码吗? *kě yǐ gěi wǒ nǐ de diàn huà hào mǎ ma*
Can I join you?	我可以加入吗? *wǒ kě yǐ jiā rù ma*
Can I get you a drink?	我可以为你买杯饮料吗? *wǒ kě yǐ wéi nǐ mǎi bēi yǐn liào ma*
I *like/love* you.	我喜欢/爱你。*wǒ xǐ huan/ài nǐ*

Making Plans

Would you like to go out for coffee?	你想出去喝咖啡吗? *nǐ xiǎng chū qù hē kā fēi ma*
What are your plans for…?	你…有什么计划吗? *nǐ…yǒu shén me jì huà ma*
– today	–今天 *jīn tiān*
– tonight	–今晚 *jīn wǎn*
– tomorrow	–明天 *míng tiān*
– this weekend	–这个周末 *zhè ge zhōu mò*
Where would you like to go?	你想去哪里? *nǐ xiǎng qù nǎ li*
I'd like to go to…	我想去… *wǒ xiǎng qù…*
Do you like…?	你喜欢…吗? *nǐ xǐ huan…ma*

Can I have your *number/e-mail*?	可以给我你的电话号码/电子邮件地址吗？ kě yǐ gěi wǒ nǐ de *diàn huà hào mǎ/ diàn zǐ yóu jiàn dì zhǐ ma*

▶ For e-mail and phone, see page 53.

Pick-up [Chat-up] Lines

Can I join you?	我可以加入吗？ wǒ kě yǐ jiā rù ma
You're very attractive.	你非常漂亮。 nǐ fēi cháng piào liang
Let's go somewhere quieter.	我们去个更安静的地方吧。 wǒ men qù gè gèng ān jìng de dì fang ba

Accepting and Rejecting

I'd love to.	好的。 hǎo de
Where should we meet?	我们在哪见面？ wǒ men zài nǎ jiàn miàn
I'll meet you *at the bar/at your hotel*.	我在酒吧/你的旅馆见你。 wǒ zài *jiǔ bā/nǐ de lǚ guǎn* jiàn nǐ
I'll come by at…	我在…拜访你 wǒ zài…bài fǎng nǐ

▶ For time, see page 172.

What is your address?	你的地址是什么？ nǐ de dì zhǐ shì shén me
I'm busy.	我很忙。 wǒ hěn máng
I'm not interested.	我没兴趣。 wǒ méi xìng qù
Leave me alone.	让我自己呆一会儿。 ràng wǒ zì jǐ dāi yí huì er
Stop bothering me!	不要打扰我！ bú yào dǎ rǎo wǒ

Getting Physical

Can I *hug/kiss* you?	我可以拥抱/亲吻你吗？	wǒ kě yǐ *yōng bào/qīn wěn* nǐ ma
Yes.	行。	xíng
No.	不行。	bù xíng
I *like/love* you.	我喜欢/爱你。	wǒ *xǐ huan/ài* nǐ
Stop!	住手！	zhù shǒu

 The Chinese are generally reserved and may not be comfortable when asked forward or aggressive questions regarding romance or sexuality.

Sexual Preferences

Are you gay?	你是男同性恋吗? nǐ shì nán tóng xìng liàn ma
I'm…	我是… wǒ shì…
– heterosexual	–异性恋 yì xìng liàn
– homosexual	–同性恋 tóng xìng liàn
– bisexual	–双性恋者 shuāng xìng liàn zhě
Do you like *men/ women*?	你喜欢男人/女人吗? nǐ xǐ huan *nán rén/ nǚ rén* ma
Let's go to a gay *bar/club*.	我们去一家同性恋酒吧/俱乐部吧。 wǒ men qù yì jiā tóng xìng liàn *jiǔ bā/jù lè bù* ba

i Chinese attitudes regarding homosexuality are conservative; therefore, asking about a person's sexuality may not be an appropriate question. Drawing attention to one's sexual orientation is generally discouraged.
The gay community in major Chinese cities is growing, though. Larger cities in China may have gay-friendly bars and clubs but often in discreet locations.

Fun

Sightseeing

Essential

Where's the tourist information office?	旅游信息办公室在哪里？lǚ yóu xìn xī bàn gōng shì zài nǎ li
What are the main attractions?	主要景点是什么？zhǔ yào jǐng diǎn shì shén me
Are there tours in English?	有英语导游吗？yǒu yīng yǔ dǎo yóu ma
Can I have a *map/ guide*?	我可以要一张地图/指南吗？wǒ kě yǐ yào yì zhāng *dì tú/zhǐ nán* ma

Tourist Information Office

Do you have information on…?	你了解…的信息吗？nǐ liǎo jiě…de xìn xī ma
Can you recommend…?	你能推荐…吗？nǐ néng tuī jiàn…ma
– a bus tour	– 公共汽车游览 gōng gòng qì chē yóu lǎn
– an excursion to…	– 去…的游览 qù…de yóu lǎn
– a sightseeing tour	– 观光游览 guān guāng yóu lǎn

i Visit a travel agency while in China for tourist information. Agencies that often cater to foreigners include China Travel Services (CTS) and China International Travel Service (CITS); the latter has branches throughout China. Such agencies offer a variety of services (not at all locations): arranging tours; reserving accommodations; providing tickets for trains, operas, acrobatic performances, concerts and more. Small-scale tour operators can also be of assistance; be sure that the tour operator is licensed before requesting any service.

Tours

I'd like to go on the tour to…	我想去…游览。wǒ xiǎng qù…yóu lǎn
When's the next tour?	下次游览是什么时候？xià cì yóu lǎn shì shén me shí hòu
Are there tours in English?	有英语导游吗？yǒu yīng yǔ dǎo yóu ma
Is there an English *guide book/audio guide*?	有英语的旅游手册/录音旅游指南吗？yǒu yīng yǔ *de lǚ* yóu *shǒu cè/lù yīn lǚ* yóu *zhǐ nán* ma
What time do we *leave/return*?	我们什么时候出发/回来？wǒ men shén me shí hòu *chū fā/huí lái*
We'd like to see…	我们想看看… wǒ men xiǎng kàn kan…
Can we stop here…?	我们可以停在这里…吗？wǒ men kě yǐ tíng zài zhè li…ma
– to take photos	-照相 zhào xiàng
– for souvenirs	-买纪念品 mǎi jì niàn pǐn
– for the restrooms [toilets]	-去洗手间 qù xǐ shǒu jiān
Is it handicapped [disabled]-accessible?	残疾人可以使用吗？cán jí rén kě yǐ shǐ yòng ma

▶ For ticketing, see page 24.

Sights

Where *is/are* the…?	…在哪里？…zài nǎ li
– battleground	-战场 zhàn chǎng
– botanical garden	-植物园 zhí wù yuán
– city hall	-市政大厅 shì zhèng dà tīng
– downtown area	-市中心 shì zhōng xīn
– fountain	-喷泉 pēn quán

– Great Hall of the People	–人民大会堂 rén min dà huì táng
– library	–图书馆 tú shū guǎn
– market	–商场 shāng chǎng
– (war) memorial	–（战争）纪念馆 (zhàn zhēng) jì niàn guǎn
– museum	–博物馆 bó wù guǎn
– old town	–古镇 gǔ zhèn
– opera house	–歌剧院 gē jù yuàn
– palace	–宫殿 gōng diàn
– park	–公园 gōng yuán
– ruins	–遗迹 yí jì
– shopping area	–购物区 gòu wù qū
Can you show me on the map?	你能在地图上指给我看吗？ nǐ néng zài dì tú shàng zhǐ gěi wǒ kàn ma
Is it handicapped [disabled]-accessible?	残疾人可以使用吗？ cán jí rén kě yǐ shǐ yòng ma

▶ For directions, see page 40.

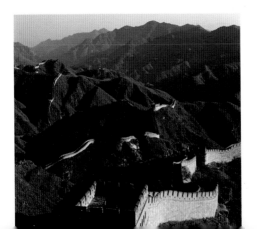

i

Sights in China not to be missed include: the Great Wall, Imperial Palace, Summer Palace, Temple of Heaven, Ming tombs, Xi'an terracotta warriors and much more. Temples, gardens and other sights can be found in even the smallest towns. For local sights, check with your hotel concierge or a nearby travel agency. Sights are often listed on town maps, which can be purchased at newsstands and from street vendors.

There is much to see in China and, after a day filled with sightseeing, you may wish to enjoy quality entertainment: concerts, acrobatics, Chinese ballet and opera. Of these, a not-to-be-missed event is the Beijing opera, a spectacular combination of song, dance, pantomime and martial arts.

Impressions

It's…	它很… tā hěn…
– amazing	– 了不起 liǎo bu qǐ
– beautiful	– 漂亮 piào liang
– boring	– 没意思 méi yì si
– interesting	– 有意思 yǒu yì si
– magnificent	– 壮观 zhuàng guān
– romantic	– 浪漫 làng màn
– strange	– 奇怪 qí guài
– stunning	– 让人震惊 ràng rén zhèn jīng
– terrible	– 可怕 kě pà
– ugly	– 难看 nán kàn
I (don't) like it.	我（不）喜欢。wǒ (bù) xǐ huan

Religion

Where's the…?	…在哪里？ …zài nǎ li
– *Catholic/Protestant* church	– 天主教/新教徒教堂 *tiān zhǔ jiào/xīn jiào tú* jiào táng
– mosque	– 清真寺 qīng zhēn sì
– shrine	– 神殿 shén diàn
– synagogue	– 犹太教堂 yóu tài jiào táng
– temple	– 寺庙 sì miào
What time is *mass/ the service*?	弥撒/礼拜是什么时候？ *mí sa/lǐ bài shì* shén me shí hòu

i The People's Republic of China officially subscribes to atheism but, since China's reform, open religious activity has been permitted. Buddhism is the most widely practiced religion in China; Taoism, Islam and Christianity are also observed.

Shopping

Essential

Where's the *market/ mall [shopping centre]*?	市场/购物中心在哪里？ *shì chǎng/gòu wù zhōng xīn* zài nǎ li
I'm just looking.	我只是看看。 wǒ zhǐ shì kàn kan
Can you help me?	你能帮我吗？ nǐ néng bāng wǒ ma
I'm being helped.	有人帮我了。 yǒu rén bāng wǒ le
How much?	多少钱？ duō shǎo qián
That one, please.	请给我那个。 qǐng gěi wǒ nèi ge

That's all.	就这些。 jiù zhè xiē
Where can I pay?	我在哪里付款？ wǒ zài nǎ li fù kuǎn
I'll pay *in cash/by credit card*.	我用现金/信用卡付款。 wǒ yòng *xiàn jīn/xìn yòng kǎ* fù kuǎn
A receipt, please.	请给我收据。 qǐng gěi wǒ shōu jù

Stores

Where's the…?	…在哪里？ …zài nǎ li
– antiques store	－古董店 gǔ dǒng diàn
– bakery	－面包店 miàn bāo diàn
– bank	－银行 yín háng
– bookstore	－书店 shū diàn
– camera store	－照相机商店 zhào xiàng jī shāng diàn
– clothing store	－服装店 fú zhuāng diàn

– delicatessen	– 熟食店　shú shí diàn
– department store	– 百货商店　bǎi huò shāng diàn
– gift shop	– 礼品店　lǐ pǐn diàn
– health food store	– 健康食品店　jiàn kāng shí pǐn diàn
– jeweler	– 珠宝店　zhū bǎo diàn
– liquor store [off-licence]	– 酒店　jiǔ diàn
– food market	– 食品市场　shí pǐn shì chǎng
– music store	– 音乐商店　yīn yuè shāng diàn
– pastry shop	– 面包点心店　miàn bāo diǎn xīn diàn
– pharmacy [chemist]	– 药房　yào fáng
– produce [grocery] store	– 食品店　shí pǐn diàn
– shoe store	– 鞋店　xié diàn
– shopping mall [shopping centre]	– 购物中心　gòu wù zhōng xīn
– souvenir store	– 纪念品商店　jì niàn pǐn shāng diàn
– supermarket	– 超级市场　chāo jí shì chǎng
– toy store	– 玩具商店　wán jù shāng diàn

i

Friendship stores, 友谊商店 **yǒu yì shāng diàn**, originally set up to provide foreigners with luxury items, can still be found throughout China. They often sell quality goods produced for export and offer a nice selection of souvenirs. Some Friendship stores can send purchases abroad.

Services

Can you recommend…?	你能推荐…吗？ nǐ néng tuī jiàn…ma
– a barber	– 一位理发师 yí wèi lǐ fà shī
– a dry cleaner	– 一家干洗店 yì jiā gān xǐ diàn
– a hairstylist	– 一位发型师 yí wèi fà xíng shī
– a laundromat [launderette]	– 一家洗衣房 yì jiā xǐ yī fáng
– a nail salon	– 一家美甲沙龙 yì jiā měi jiǎ shā lóng
– a spa	– 一家温泉 yì jiā wēn quán
– a travel agency	– 一家旅行社 yì jiā lǚ xíng shè
Can you…this?	你能…这个吗？ nǐ néng…zhè ge ma
– alter	– 改 gǎi
– clean	– 洗 xǐ
– fix [mend]	– 修 xiū
– press	– 熨 yùn
When will it be ready?	什么时候做完？ shén me shí hòu zuò wán

Spa

I'd like…	我想… wǒ xiǎng…
– a facial	– 做面部美容 zuò miàn bù měi róng
– a *manicure/ pedicure*	– 修手指甲/脚趾甲 xiū *shǒu zhǐ jiǎ/jiǎo zhǐ jiǎ*
– a (sports) massage	– 要（体育）按摩 yào (tǐ yù) àn mó
Do you *have/do*…?	你提供/做…吗？ nǐ *tí gōng/zuò*…ma
– acupuncture	– 针灸 zhēn jiǔ
– aromatherapy	– 芳香疗法 fāng xiāng liáo fǎ
– oxygen treatment	– 氧气治疗 yǎng qì zhì liáo
– a sauna	– 桑拿 sāng ná

> *i* A number of luxury hotels in China offer facial and body
> treatments and massage. Some even have unique amenities
> for spa guests, such as tea centers, taichi (太极 **tài jí**) and
> yoga lessons. Check with your hotel concierge or a travel
> agency for a list of spas, their services and prices.

Hair Salon

I'd like…	我想… wǒ xiǎng…
– an appointment for *today/tomorrow*	– 约一个今天/明天的时间 yuē yí gè *jīn tiān/míng tiān* de shí jiān
– some *color/highlights*	– 染发/挑染 rǎn fà/tiāo rǎn
– my hair *styled/blow-dried*	– 做/吹头发 zuò/chuī tóu fà
– a haircut	– 理发 lǐ fà
– a trim	– 剪发 jiǎn fà
Not too short.	不要太短。 bú yào tài duǎn
Shorter here.	这里再短一点。 zhè lǐ zài duǎn yì diǎn

Sales Help

When do you *open/close*?	几点开门/关门? jǐ diǎn *kāi mén/guān mén*
Where's the…?	…在哪里? …zài nǎ li
– cashier	– 收款处 shōu kuǎn chù
– escalator	– 自动扶梯 zì dòng fú tī
– elevator [lift]	– 电梯 diàn tī
– fitting room	– 试衣间 shì yī jiān
– store directory	– 商店目录 shāng diàn mù lù
Can you help me?	你能帮我吗? nǐ néng bāng wǒ ma

I'm just looking.	我只是看看。wǒ zhǐ shì kàn kan
I'm being helped.	已经有人帮我了。yǐ jīng yǒu rén bāng wǒ le
Do you have…?	你有…吗？nǐ yǒu…ma
Can you show me…?	你能让我看看…？nǐ néng ràng wǒ kàn kan…
Can you *ship/wrap* it?	你能把它托运/打包吗？nǐ néng bǎ tā *tuō yùn/dǎ bāo* ma
How much?	多少钱？duō shǎo qián
That's all.	就这些。jiù zhè xiē

▶ For clothing items, see page 127.

▶ For food items, see page 88.

▶ For souvenirs, see page 124.

You May Hear…

我能帮你吗？wǒ néng bāng nǐ ma	Can I help you?
请稍等。qǐng shāo děng	One moment.
你要什么？nǐ yào shén me	What would you like?
还要别的吗？hái yào bié de ma	Anything else?

You May See...

开门 kāi mén	open
关门 guān mén	closed
午饭时间关门 wǔ fàn shí jiān guān mén	closed for lunch
试衣间 shì yī jiān	fitting room
付款处 fù kuǎn chù	cashier
只收现金 zhī shōu xiàn jīn	cash only
接受信用卡 jiē shòu xìn yòng kǎ	credit cards accepted
营业时间 yíng yè shí jiān	business hours
出口 chū kǒu	exit

Preferences

I'd like something...	我想要… wǒ xiǎng yào...
– cheap/expensive	– 更便宜/更贵一点的 gèng pián yi/gèng guì yì diǎn de
– larger/smaller	– 更大/更小一点的 gèng dà/gèng xiǎo yì diǎn de
– nicer	– 更好一点的 gèng hǎo yì diǎn de
– from this region	– 当地生产的 dāng dì shēng chǎn de
Around...yuan.	…元左右的。 ...yuán zuǒ yòu de
Is it real?	它是真的吗? tā shì zhēn de ma
Can you show me *this/that*?	你能让我看看这个/那个吗? nǐ néng ràng wǒ kàn kan *zhèi ge/nèi ge* ma

Decisions

That's not quite what I want.	那个不是我要的。 nà ge bù shì wǒ yào de
No, I don't like it.	不，我不喜欢它。 bù wǒ bú xǐ huan tā
It's too expensive.	太贵了。 tài guì le
I have to think about it.	我要想想。 wǒ yào xiǎng xiǎng
I'll take it.	我要了。 wǒ yào le

Bargaining

That's too much.	太贵了。 tài guì le
I'll give you...	我给你… wǒ gěi nǐ…
I have only...Ren Min Bi.	我只有…元人民币。 wǒ zhǐ yǒu … yuán rén mín bì
Is that your best price?	是最低价吗？ shì zuì dī jià ma
Can you give me a discount?	能打折吗？ néng dǎ zhé ma

▶ For numbers, see page 169.

Paying

How much?	多少钱？ duō shǎo qián
I'll pay...	我要用…付款 wǒ yào yòng…fù kuǎn
– in cash	–现金 xiàn jīn
– by credit card	–信用卡 xìn yòng kǎ
– by traveler's check [cheque]	–旅行支票 lǚ xíng zhī piào
Can I use this...card?	我可以用…卡吗？ wǒ kě yǐ yòng… kǎ ma
– ATM	–自动取款机 zì dòng qǔ kuǎn jī
– credit	–信用 xìn yòng

– debit	–借记 jiè jì
– gift	–礼品 lǐ pín
How do I use this machine?	这机器怎么用？zhè jī qì zěn me yòng
A receipt, please.	请给我收据。qǐng gěi wǒ shōu jù

In China, the most commonly accepted form of payment is cash. Major credit cards may be accepted at larger stores in city centers.

You May Hear...

你怎么付款？nǐ zěn me fù kuǎn	How are you paying?
你的信用卡被拒绝了。nǐ de xìn yòng kǎ bèi jù jué le	Your credit card has been declined.
请出示你的身份证。qǐng chū shì nǐ de shēn fèn zhèng	ID, please.
我们不接受信用卡。wǒ men bù jiē shòu xìn yòng kǎ	We don't accept credit cards.
请付现金。qǐng fù xiàn jīn	Cash only, please.
你有零钱/小面值纸币吗？nǐ yǒu *líng qián/xiǎo miàn zhí zhǐ bì* ma	Do you have *change/small bills [notes]*?

Complaints

I'd like...	–我想… wǒ xiǎng…
– to exchange this	–换一个 huàn yí gè
– a refund	–退款 tuì kuǎn
– to see the manager	–见经理 jiàn jīng lǐ

Souvenirs

book	书 shū
box of chocolates	巧克力 qiǎo kè lì
calligraphy supplies	书法用品 shū fǎ yòng pǐn
Chinese painting	中国画 zhōng guó huà
chopsticks	筷子 kuài zi
cloisonné	景泰蓝 jǐng tài lán
doll	玩具娃娃 wán jù wá wá
jade	翡翠 fěi cuì
key ring	钥匙圈 yào shi quān
lacquerware	漆器 qī qì
porcelain	瓷器 cí qì
postcard	明信片 míng xìn piàn
pottery	陶器 táo qì
silk	丝绸 sī chóu
T-shirt	T恤衫 tī xù shān
toy	玩具 wán jù
Can I see *this/that*?	我能看看这个/那个吗？wǒ néng kàn kan *zhèi ge/nèi ge* ma
It's in the *window/ display case.*	它在橱窗/陈列橱里。tā zài *chú chuāng/ chén liè chú lǐ*
I'd like…	我想要… wǒ xiǎng yào…
– a battery	--一节电池 yì jié diàn chí
– a bracelet	--一付手镯 yí fù shǒu zhuó
– a brooch	--一根别针 yì gēn bié zhēn
– a clock	--一个钟 yí gè zhōng
– earrings	--一对耳环 yí duì ěr huán
– a necklace	--一条项链 yì tiáo xiàng liàn

– a ring	– 一个戒指 yí gè jiè zhi
– a watch	– 一块手表 yí kuài shǒu biǎo
– I'd like…	– 我想要…的… wǒ xiǎng yào…de
– copper	– 铜 tóng
– crystal	– 水晶 shuǐ jīng
– diamonds	– 钻石 zuàn shí
– *white/yellow* gold	– 白/黄金 *bái/huáng jīn*
– pearls	– 珍珠 zhēn zhū
– platinum	– 铂金 bó jīn
– sterling silver	– 纯银 chún yín
Is this real?	这是真的吗？ zhè shì zhēn de ma
Can you engrave it?	你能在上面刻字吗？ nǐ néng zài shàng miàn kè zì ma

i

Typical Chinese souvenirs include silk fabric and clothing, jade and porcelain. Calligraphy supplies, kites, paper cuts and chopsticks are also popular mementos. Souvenirs can be found in malls, department stores and local street markets.

If you're antiquing, note that items dated earlier than 1795 may not be legally exported; any antique leaving China must be affixed with a small red seal, provided by the Cultural Relics Bureau.

Antiques

How old is it?	有多长历史了？	yǒu duō cháng lì shǐ le
Do you have anything from the…period?	你有…时期的东西吗？	nǐ yǒu…shí qī de dōng xi ma
Do I have to fill out any forms?	我要填表格吗？	wǒ yào tián biǎo gé ma
Is there a certificate of authenticity?	有真品证明吗？	yǒu zhēn pǐn zhèng míng ma

Clothing

I'd like…	我想要… wǒ xiǎng yào…
Can I try this on?	我能试穿吗？wǒ néng shì chuān ma
It doesn't fit.	不合适。bù hé shì
It's too…	太… tài…
– big/small	–大/小 dà/xiǎo
– short/long	–短/长 duǎn/cháng
– tight/loose	–紧/宽 jǐn/kuān
Do you have this in size…?	这款衣服有…号的吗？zhè kuǎn yī fu yǒu… hào de ma
Do you have this in a *bigger/smaller* size?	这件衣服有大/小一点的吗？zhè jiàn yī fu yǒu *dà/xiǎo* yì diǎn de ma

▶ For numbers, see page 169.

You May Hear…

那件衣服很适合你。nà jiàn yī fu hěn shì hé nǐ	That looks great on you.
适合我吗？shì hé wǒ ma	How does it fit?
我们没有你的尺寸 wǒ men méi yǒu nǐ de chǐ cùn	We don't have your size.

i Clothing—Western and traditional Chinese—is sold at Friendship stores, street markets and local department stores, usually at very reasonable prices. Designer clothing is available at high-end boutiques, found in larger cities. China is known for its silk production, and silk clothing and fabric (by the yard) can be purchased in many stores.

You May See...

男士的	nán shì de	men's
女士的	nǚ shì de	women's
儿童的	ér tóng de	children's

Color

I'd like something... 我想要··· wǒ xiǎng yào...

- beige – 米黄 mǐ huáng
- black – 黑色 hēi sè
- blue – 蓝色 lán sè
- brown – 褐色 hè sè
- green – 绿色 lǜ sè
- gray – 灰色 huī sè
- orange – 橙色 chéng sè
- pink – 粉红色 fěn hóng sè
- purple – 紫色 zǐ sè
- red – 红色 hóng sè
- white – 白色 bái sè
- yellow – 黄色 huáng sè

Clothes and Accessories

backpack	背包	bēi bāo
belt	皮带	pí dài
bikini	比基尼	bǐ jī ní
blouse	女衬衫	nǚ chèn shān
bra	胸罩	xiōng zhào
briefs [underpants]	内裤	nèi kù

coat	外套	wài tào
dress	连衣裙	lián yī qún
hat	帽子	mào zi
jacket	夹克	jiá kè
jeans	牛仔裤	niú zǎi kù
pajamas	睡衣	shuì yī
pants [trousers]	长裤	cháng kù
pantyhose [tights]	裤袜	kù wà
purse [handbag]	女式手提包	nǚ shì shǒu tí bāo
raincoat	雨衣	yǔ yī
scarf	围巾	wéi jīn
shirt	衬衫	chèn shān
shorts	短裤	duǎn kù
skirt	裙子	qún zǐ
socks	袜子	wà zi
suit	套服	tào fú
sunglasses	太阳镜	tài yáng jìng
sweater	毛衣	máo yī
sweatshirt	运动衫	yùn dòng shān
swimsuit	游泳衣	yóu yǒng yī
T-shirt	T恤衫	tī xù shān
tie	领带	lǐng dài
underwear	内衣	nèi yī

Fabric

I'd like…	我想要… wǒ xiǎng yào…
– cotton	–棉布 mián bù
– denim	–粗棉布 cū mián bù
– lace	–花边 huā biān
– leather	–皮革 pí gé
– linen	–亚麻布 yà má bù
– silk	–丝绸 sī chóu
– wool	–羊毛 yáng máo
Is it machine washable?	可以机洗吗？kě yǐ jī xǐ ma

Shoes

I'd like…	我想要… wǒ xiǎng yào…
– high-heels/flats	–高跟鞋/平跟鞋 gāo gēn xié/píng gēn xié
– boots	–靴子 xuē zi
– loafers	–平底便鞋 píng dǐ biàn xié
– sandals	–凉鞋 liáng xié
– shoes	–鞋子 xié zi
– slippers	–拖鞋 tuō xié
– sneakers	–运动鞋 yùn dòng xié
In size…	…号 …hào

▶ For numbers, see page 169.

In Friendship stores and places where clothes are made for export, sizes will be given as small, medium and large. Most other clothing stores feature Chinese measurements that combine height and chest size; these measurements appear in centimeters. For example, if you are 170 cm tall (5'6") with a chest measurement of 90 cm (36"), look for clothing marked 170/90. Children's sizes are given by height, in centimeters.

Sizes

chest measurement	胸围	xiōng wéi
waist measurement	腰围	yāo wéi
height	身长	shēn cháng
extra small (XS)	特小号	tè xiǎo hào
small (S)	小号	xiǎo hào
medium (M)	中号	zhōng hào
large (L)	大号	dà hào
extra large (XL)	特大号	tè dà hào
plus size	加大号	jiā dà hào

Newsstand and Tobacconist

Do you sell English-language newspapers?	你卖英文报纸吗? nǐ mài yīng wén bào zhǐ ma
I'd like…	我想买… wǒ xiǎng mǎi…
– a cigar	–雪茄 xuě jiā
– a *pack/carton* of cigarettes	––一包/一条香烟 yì bāo/yì tiáo xiāng yān

I'd like...	我想买… wǒ xiǎng mǎi...
- a lighter	-一个打火机 yí gè dǎ huǒ jī
- a magazine	-一本杂志 yì běn zá zhì
- matches	-火柴 huǒ chái
- a newspaper	-一份报纸 yí fèn bào zhǐ
- a phone card	-一张电话卡 yì zhāng diàn huà kǎ
- a postcard	-一张明信片 yì zhāng míng xìn piàn
- a *road/town* map of...	-一张…道路/市区地图 yì zhāng…*dào lù/shì qū* dì tú
- stamps	-邮票 yóu piào

 China Daily is China's official English-language newspaper, available in most major cities. In Shanghai, you will also find the **Shanghai Star**. In larger cities, English-language and international magazines and newspapers are available, mainly at hotels and major newsstands. You may also find an English-language channel or two on your hotel TV.

Photography

I'd like a/an...camera.	我想买一个…照相机。 wǒ xiǎng mǎi yí gè…zhào xiàng jī
- automatic	-自动 zì dòng
- digital	-数码 shù mǎ
- disposable	-一次性 yí cì xìng

I'd like…	我想… wǒ xiǎng…
– a battery	–买一节电池 mǎi yì jié diàn chí
– digital prints	–数码打印照片 shù mǎ dǎ yìn zhào piàn
– a memory card	买存储卡 mǎi cún chǔ kǎ
Can I print digital photos here?	我可以在这里打印数码照片吗? wǒ kě yǐ zài zhè li dǎ yìn shù mǎ zhào piàn ma

Sports and Leisure

Essential

When's the game?	什么时候比赛? shén me shí hòu bǐ sài
Where's the…?	…在哪里? …zài nǎ li
– beach	–海滩 hǎi tān
– park	–公园 gōng yuán
– pool	–游泳池 yóu yǒng chí
Is it safe to swim here?	在这里游泳安全吗? zài zhè lǐ yóu yǒng ān quán ma
Can I rent [hire] golf clubs?	可以租球棒吗? kě yǐ zū qiú bàng ma
How much per hour?	每小时多少钱? měi xiǎo shí duō shǎo qián
How far is it to…?	去…有多远? qù…yǒu duō yuǎn
Show me on the map, please.	请在地图上指给我看。qǐng zài dì tú shàng zhǐ gěi wǒ kàn

Spectator Sports

When's the... *game/match*?	…比赛是什么时候？…bǐ sài shì shén me shí hòu
– baseball	– 棒球 bàng qiú
– basketball	– 篮球 lán qiú
– golf	– 高尔夫球 gāo ěr fū qiú
– badminton	– 羽毛球 yǔ máo qiú
– ping-pong	– 乒乓球 pīng pāng qiú
– martial arts	– 武术 wǔ shù
– soccer [football]	– 足球 zú qiú
– tennis	– 网球 wǎng qiú
– volleyball	– 排球 pái qiú
– wrestling	– 摔跤 shuāi jiāo
Who's playing?	谁在打球？shéi zài dǎ qiú
Where's the *racetrack/stadium*?	跑马场/体育场在哪里？pǎo mǎ chǎng/tǐ yù chǎng zài nǎ li
Where can I place a bet?	我在哪里可以下注？wǒ zài nǎ li kě yǐ xià zhù

▶ For numbers, see page 169.

Early risers will no doubt encounter people practicing taichi (太极 **tài jí**), a combination of martial arts and relaxation movements, in parks throughout China. Some also practice qigong (气功 **qì gōng**), breathing and movement exercises. If you are interested in joining, the crowd would welcome you! Other sports enjoyed in China include badminton and ping-pong. Volleyball courts and swimming pools can be found throughout China. If you're looking for brain exercise instead of a body stretch, try mahjong (麻将 **má jiàng**), a popular Chinese strategy game. Chinese chess and cards are common as well.

Participating

Where *is/are*...?	…在哪里？ …zài nǎ li
– the golf course	– 高尔夫球场 gāo ěr fū qiú chǎng
– the gym	– 健身房 jiàn shēn fáng
– the park	– 公园 gōng yuán
– the tennis courts	– 网球场 wǎng qiú chǎng
How much per...?	每…多少钱？ měi…duō shǎo qián
– day	– 天 tiān
– hour	– 小时 xiǎo shí
– game	– 场比赛 chǎng bǐ sài
– round	– 轮比赛 lún bǐ sài
Can I rent [hire]...?	我可以租…？ wǒ kě yǐ zū…
– clubs	– 球棒 qiú bàng
– equipment	– 设备 shè bèi
– a racket	– 一副球拍 yí fù qiú pāi

At the Beach/Pool

Where's the *beach/ pool*?	海滩/游泳池在哪里？ *hǎi tān/yóu yǒng chí zài nǎ li*
Is there a…?	有没有…？ *yǒu mei yǒu…*
– kiddie pool	–儿童游泳池 *ér tong yóu yǒng chí*
– *indoor/outdoor* pool	–室内/室外游泳池 *shì nèi/shì wài yóu yǒng chí*
– lifeguard	–救生员 *jiù shēng yuán*
Is it safe…?	…安全吗？ *…ān quán ma*
– to swim	–游泳 *yóu yǒng*
– to dive	–潜水 *qián shuǐ*
– for children	–儿童用 *ér tóng yòng*
I'd like to rent [hire]…	我想租… *wǒ xiǎng zū…*
– a deck chair	–一张折叠躺椅 *yì zhāng zhé dié tǎng yǐ*
– diving equipment	–一套潜水用具 *yí tào qián shuǐ yòng jù*
– a jet ski	–一套喷气式滑水板 *yí tào pēn qì shì huá shuǐ bǎn*
– a motorboat	–一艘汽艇 *yì sōu qì tǐng*
– a rowboat	–一艘划艇 *yì sōu huá tǐng*
– snorkeling equipment	–潜水设备 *qián shuǐ shè bè*
– a surfboard	–一块冲浪板 *yí kuài chōng làng bǎn*
– a towel	–一块毛巾 *yí tiáo máo jīn*
– an umbrella	–一把伞 *yì bǎ sǎn*
– water skis	–滑水橇 *huá shuǐ qiāo*
– a windsurfer	–一只帆船 *yì zhī fān chuán*
For…hours.	共…小时 *gòng…xiǎo shí*

Public beaches can be found along China's east coast. The most popular beaches are often very crowded, so arrive early for a good spot. Beach wear is fairly conservative along China's coast; bathing suits and longer swim shorts are more appropriate than bikinis and short trunks.

Winter Sports

A lift pass for *a day/five days*, please.	请给我一天/五天的缆车票。 qǐng gěi wǒ *yì tiān/wǔ tiān* de lǎn chē piào
I'd like to rent [hire]…	我想租… wǒ xiǎng zū…
– boots	–一双靴子 yì shuāng xuē zi
– a helmet	–一个头盔 yí gè tóu kuī
– poles	–一对滑雪杖 yí duì huá xuě zhàng
– skis	–一对滑雪板 yí duì huá xuě bǎn
– a snowboard	–一个滑雪单板 yí gè huá xuě dān bǎn
– snowshoes	–一双滑雪靴 yì shuāng huá xuě xuē
These are too *big/small*.	太大/小。 tài *dà/xiǎo*
Are there lessons?	可以上课吗? kě yǐ shàng kè ma
I'm a beginner.	我是新手。 wǒ shì xīn shǒu
I'm experienced.	我比较有经验。 wǒ bǐ jiào yǒu jīng yàn
A trail [piste] map, please.	请给我滑雪路线图。 qǐng gěi wǒ huá xuě lù xiàn tú

 Beijing's lakes freeze during the winter and people often go ice skating. Downhill and cross-sountry skiing is popular in northeast China, as are snowboarding and other outdoor winter sports.

You May See...

阻力缆车 zǔ lì lǎn chē — drag lift

缆车 lǎn chē — cable car

升降椅 shēng jiàng yǐ — chair lift

新手 xīn shǒu — novice

有一点经验 yǒu yì diǎn jīng yàn — intermediate

老手 lǎo shǒu — expert

滑雪路线关闭了 huá xuě lù xiàn guān bì le — trail [piste] closed

In the Countryside

A map of…, please.	请给我一份…地图。qǐng gěi wǒ yí fèn…dì tú
– this region	–这个地区的 zhè ge dì qū de
– the walking routes	–步行路线 bù xíng lù xiàn
– the bike routes	–自行车路线 zì xíng chē lù xiàn
– the trails	–小道 xiǎo dào
Is it…?	它…吗？tā…ma
– easy	–容易 róng yì
– difficult	–难 nán
– far	–远 yuǎn
– steep	–陡峭 dǒu qiào
How far is it to…?	离…有多远？lí…yǒu duō yuǎn
Show me on the map, please.	请在地图上指给我看。qǐng zài dì tú shàng zhǐ gěi wǒ kàn
I'm lost.	我迷路了。wǒ mí lù le

Where's the…?	…在哪里？ …zài nǎ li
– bridge	– 桥　qiáo
– cave	– 洞　dòng
– cliff	– 峭壁　qiào bì
– desert	– 沙漠　shā mò
– farm	– 农场　nóng chǎng
– field	– 农田　nóng tián
– forest	– 森林　sēn lín
– hill	– 小山　xiǎo shān
– lake	– 湖　hú
– mountain	– 山　shān
– nature preserve	– 自然保护区　zì rán bǎo hù qū
– overlook [viewpoint]	– 俯视观景点　fǔ shì guān jǐng diǎn
– park	– 公园　gōng yuán
– path	– 道路　dào lù
– peak	– 山顶　shān dǐng
– picnic area	– 野餐区　yě cān qū
– pond	– 池塘　chí táng
– river	– 河流　hé liú
– sea	– 大海　dà hǎi
– (thermal) spring	– （热）温泉　(rè) wēn quán
– stream	– 小河　xiǎo hé
– valley	– 山谷　shān gǔ
– vineyard	– 葡萄园　pú táo yuán
– waterfall	– 瀑布　pù bù

Culture and Nightlife

Essential

What's there to do at night?	晚上可以做什么呢？wǎn shang kě yǐ zuò shén me ne
Do you have a program of events?	你有节目表吗？nǐ yǒu jié mù biǎo ma
What's playing tonight?	今晚演什么？jīn wǎn yǎn shén me
Where's the...?	…在哪里？...zài nǎ lǐ
– downtown area	–市中心 shì zhōng xīn
– bar	–酒吧 jiǔ bā
– dance club	–舞蹈俱乐部 wǔ dǎo jù lè bù
Is there a cover charge?	有没有附加费？yǒu mei yǒu fù jiā fèi

Entertainment

Can you recommend...?	你能推荐…吗？nǐ néng tuī jiàn...ma
– a concert	–一个音乐会 yí gè yīn yuè huì
– a movie	–一部电影 yíbù diàn yǐng
– an opera	–一部歌剧 yí bù gē jù
– a play	–一部戏剧 yí bù xì jù
When does it *start/end*?	几点开始/结束？jǐ diǎn *kāi shǐ/jié shù*
Where's the...?	…在哪里？...zài nǎ li
– concert hall	–音乐厅 yīn yuè tīng
– opera house	–歌剧院 gē jù yuàn
– theater	–剧院 jù yuàn

What's the dress code?	有着装要求吗？ yǒu zhuó zhuāng yāo qiú ma
I like…	我喜欢… wǒ xǐ huan…
– classical music	–古典音乐 gǔ diǎn yīn yuè
– folk music	–民族音乐 mín zú yīn yuè
– jazz	–爵士乐 jué shì yuè
– pop music	–流行音乐 liú xíng yīn yuè
– rap	–说唱 shuō chàng

▶ For ticketing, see page 24.

i Nightlife is more common in south China than elsewhere; restaurants, bars and cafes usually stay open until at least midnight in the south. China Daily and other English-language newpapers often list cultural ongoings in major cities. Ask about local events at your hotel or check for events listings in a local newspaper.

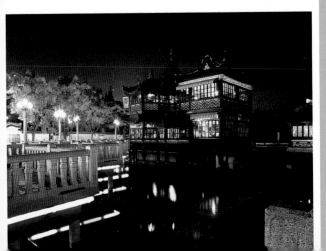

请关掉手机。 qǐng guān diào shǒu jī

Turn off your cell [mobile] phones, please.

Nightlife

What's there to do at night?	晚上可以做什么？ wǎn shang kě yǐ zuò shén me
Can you recommend...?	你能推荐…吗？ nǐ néng tuī jiàn... ma
– a bar	一个酒吧 yí gè jiǔ bā
– a casino	一个赌场 yí gè dǔ chǎng
– a dance club	舞蹈俱乐部 wǔ dǎo jù lè bù
– a jazz club	爵士乐俱乐部 jué shì yuè jù lè bù
– a club with Chinese music	一家有中国音乐的俱乐部 yì jiā yǒu zhōng guó yīn yuè de jù lè bù
Is there live music?	有没有现场音乐？ yǒu mei yǒu xiàn chǎng yīn yuè
How do I get there?	我怎么去那里？ wǒ zěn me qù nà li
Is there a cover charge?	有没有附加费？ yǒu mei yǒu fù jiā fèi
Let's go dancing.	我们去跳舞吧。 wǒ men qù tiào wǔ ba

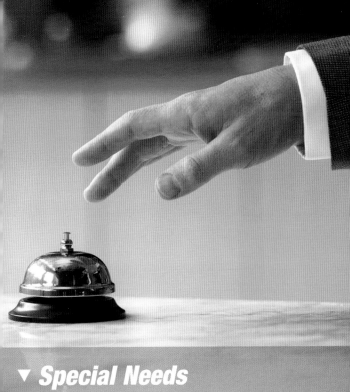

▼ *Special Needs*

Business Travel

Essential

I'm here on business.	我在这里出差。 wǒ zài zhè li chū chāi
Here's my business card.	这是我的名片。 zhè shì wǒ de míng piàn
Can I have your card?	可以给我你的名片吗？ kě yǐ gěi wǒ nǐ de míng piàn ma
I have a meeting with…	我和…有一个会。 wǒ hě…yǒu yí gè huì
Where's the…?	…在哪里？ …zài nǎ li
– business center	–商业中心 shāng yè zhōng xīn
– convention hall	–会议厅 huì yì tīng
– meeting room	–会议室 huì yì shì

 Conducting business in China should be done respectfully. When presenting or receiving a business card in China, be sure to hold the card in both hands. If you have just received a card, do not put it away before reading the card.
Note that Chinese surnames precede given names; therefore, Li Yang should be referred to as Mr Li. Some Chinese professionals have adopted Western first names and name order, though.

Business Communication

I'm here for a *seminar/conference*.	我在这儿参加研讨会/讨论会 wǒ zài zhèr cān jiā yán tǎo huì/tǎo lùn huì
My name is…	我叫… wǒ jiào…
May I introduce my colleague…	我来介绍一下同事… wǒ lái jiè shào yí xià tóng shì…
I have *a meeting/an appointment* with…	我和…有一个会见/预约。 wǒ hé …yǒu yí gè huì jiàn/yù yuē
I'm sorry I'm late.	很抱歉我迟到了。 hěn bào qiàn wǒ chí dào le
I need an interpreter.	我需要翻译。 wǒ xū yào fān yì
You can reach me at the…Hotel.	你可以在…旅馆找到我。 nǐ kě yǐ zài…lǚ guǎn zhǎo dào wǒ
I'm here until…	我要在这里呆到… wǒ yào zài zhè lǐ dāi dào…
I need to…	我需要… wǒ xū yào…
– make a call	-打电话 dǎ diàn huà
– make a photocopy	-复印 fù yìn
– send an e-mail	-发电子邮件 fā diàn zǐ yóu jiàn
– send a fax	-发传真 fā chuán zhēn
– send a package (overnight)	-寄一个（第二天送达的）包裹 jì yí gè (dì èr tiān) sòng dá de bāo guǒ
It was a pleasure to meet you.	见到你很高兴。 jiàn dào nǐ hěn gāo xìng

▶ For internet and communications, see page 53.

You May Hear...

你有预约吗？nǐ yǒu yù yuē ma	Do you have an appointment?
和谁？hé shéi	With whom?
他♂/她♀在开会。tā♂/tā♀ zài kāi huì	He/She is in a meeting.
请稍等。qǐng shāo děng	One moment, please.
请坐。qǐng zuò	Have a seat.
你要不要喝点什么？nǐ yào bú yào hē diǎn shén me	Would you like something to drink?
谢谢光临。xiè xie guāng lín	Thank you for coming.

Travel with Children

Essential

Is there a discount for kids?	孩子有折扣吗？ hái zi yǒu zhé kòu ma
Can you recommend a babysitter?	你能推荐一位保姆吗？ nǐ néng tuī jiàn yí wèi bǎo mǔ ma
Do you have a *child's seat/highchair*?	你有儿童座椅/高脚椅吗？ nǐ yǒu *ér tóng zuò yǐ/gāo jiǎo yǐ* ma
Where can I change the baby?	我在哪里可以给孩子换尿布？ wǒ zài nǎ li kě yǐ gěi hái zi huàn niào bù

Fun with Kids

Can you recommend something for kids?	你能推荐孩子玩的活动吗？ nǐ néng tuī jiàn hái zi wán de huó dòng ma
Where's the…?	…在哪里？ …zài nǎ li
– amusement park	– 游乐园 yóu lè yuán
– arcade	– 拱廊儿童游戏场 gǒng láng ér tong yóu xì chǎng
– kiddie [paddling] pool	– 儿童游泳池 ér tóng yóu yǒng chí
– park	– 公园 gōng yuán
– playground	– 操场 cāo chǎng
– zoo	– 动物园 dòng wù yuán
Are kids allowed?	孩子可以进去吗？ hái zi kě yǐ jìn qù ma
Is it safe for kids?	孩子玩安全吗？ hái zi wán ān quán ma
Is it suitable for… year olds?	它适合…岁的孩子吗？ tā shì hé…suì de hái zi ma

▶ For numbers, see page 169.

真可爱！zhēn kě ài	How cute!
他♂/她♀叫什么？ tā♂/tā♀ jiào shén me	What's his/her name?
他♂/她♀多大了？ tā♂/tā♀ duō dà	How old is he/she?

Basic Needs for Kids

Do you have...?	你有…吗？nǐ yǒu…ma
– a baby bottle	– 奶瓶 nǎi píng
– baby food	– 婴儿食品 yīng ér shí pǐn
– baby wipes	– 婴儿纸巾 yīng ér zhǐ jīn
– a car seat	– 汽车安全座椅 qì chē ān quán zuò yǐ
– a children's *menu/ portion*	– 儿童菜单/份额 ér tóng *cài dān/fèn é*

▶ For dining with kids, see page 68.

– a *child's seat/* *highchair*	–儿童座椅/高脚椅　ér tóng zuò yǐ/gāo jiǎo yǐ
– a *crib/cot*	–摇篮/轻便小床　yáo lán/qīng biàn xiǎo chuáng
– diapers [nappies]	–尿不湿　niào bù shī
– formula [baby food]	–婴儿奶粉　yīng ér nǎi fěn
– a pacifier [soother]	–奶嘴　nǎizuǐ
– a playpen	–游戏围栏　yóu xì wéi lán
– a stroller [pushchair]	–婴儿车　yīng ér chē
Can I breastfeed the baby here?	我可以在这里喂孩子吃母奶吗？　wǒ kě yǐ zài zhè li wèi hái zi chī mǔ nǎi ma
Where can I *breastfeed/change the baby*?	我在哪里可以喂孩子吃母奶/给孩子换尿布？　wǒ zài nǎ li kě yǐ *wèi hái zi chī mǔ nǎi/gěi hái zi huàn niào bù*

Babysitting

Can you recommend a babysitter?	你能推荐一位保姆吗？　nǐ néng tuī jiàn yí wèi bǎo mǔ ma
What do *you/they* charge?	你们/他们收费是多少？　*nǐ men/tā men* shōu fèi shì duō shǎo
I'll be back by…	我在…之前回来。　wǒ zài…zhī qián huí lái
I can be reached at…	打…可以找到我。　dǎ…kě yǐ zhǎo dào wǒ

▶ For time, see page 172.

Health and Emergency

| Can you recommend a pediatrician? | 你能推荐一位儿科医生吗？　nǐ néng tuī jiàn yí wèi ér kē yī shēng ma |
| My child is allergic to… | 我的孩子对…过敏。　wǒ de hái zi duì…guò mǐn |

| My child is missing. | 我的孩子不见了。wǒ de hái zi bù jiàn le |
| Have you seen a *boy/girl*? | 你看到一个男孩/女孩吗？nǐ kàn dào yí ge *nán hái/nǚ hái* ma |

▶ For food items, see page 88.

▶ For health, see page 156.

▶ For police, see page 153.

For the Disabled

Essential

Is there…?	有…吗？yǒu…ma
– access for the disabled	– 残疾人通道 cán jí rén tōng dào
– a wheelchair ramp	– 轮椅坡道 lún yǐ pō dào
– a handicapped-[disabled-] accessible toilet	– 一间残疾人可用的洗手间 yì jiān cán jí rén kě yòng de xǐ shǒu jiān
I need…	我需要… wǒ xū yào…
– assistance	– 帮助 bāng zhù
– an elevator [a lift]	– 电梯 diàn tī
– a ground-floor room	– 一个一楼的房间 yí gè yī lóu de fáng jiān

Getting Help

I'm...	我… wǒ…
– disabled	– 是残疾人 shì cán jí rén
– visually impaired	– 视力不好 shì lì bù hǎo
– hearing impaired/deaf	– 听力不好/耳聋 tīng lì bù hǎo/ěr lóng
– unable to *walk far/ use the stairs*	– 不能走远路/走台阶 bù néng *zǒu yuǎn lù/zǒu tái jiē*
Please speak louder.	请大声讲话。qǐng dà shēng jiǎng huà
Can I bring my wheelchair?	我可以带轮椅吗？ wǒ kě yǐ dài lún yǐ ma
Are guide dogs permitted?	允许导盲犬吗？yǔn xǔ dǎo máng quǎn ma
Can you help me?	你可以帮我吗？nǐ kě yǐ bāng wǒ ma
Please *open/hold* the door.	请打开/拉着门。qǐng *dǎ kāi/lā zhe* mén

国际出发 7-8
International Departures

检验检疫 →
Inspection and Quarantine

洗　手　间 →
Toilets

银　　行 →
Bank

保　　险 →
Insurance

▼ Resources

Emergencies

Essential

Help!	救命! jiù mìng
Go away!	走开! zǒu kāi
Stop, thief!	站住，抓贼! zhàn zhù zhuā zéi
Get a doctor!	找位医生! zhǎo wèi yī shēng
Fire!	着火啦! zháo huǒ lā
I'm lost.	我迷路了。 wǒ mí lù le
Can you help me?	你可以帮我吗? nǐ kě yǐ bāng wǒ ma

Police

Essential

Call the police!	给警察打电话! gěi jǐng chá dǎ diàn huà
Where's the police station?	警察局在哪里? jǐng chá jú zài nǎ li
There was *an accident/an attack*.	出事故/有人受攻击了。 *chū shì gù/yǒu rén shòu gōng jī* le
My child is missing.	我的孩子不见了。 wǒ de hái zi bù jiàn le
I need...	我需要… wǒ xū yào...
– an interpreter	– 一个翻译 yí gè fān yì
– to contact my lawyer	– 和我的律师联系 hé wǒ de lǜ shī lián xì
– to make a phone call	– 打电话 dǎ diàn huà
I'm innocent.	我是无辜的。 wǒ shì wú gū de

You May Hear…

填好这份表格。 tián hǎo zhè fèn biǎo gé	Fill out this form.
请出示你的身份证。 qǐng chū shì nǐ de shēn fèn zhèng	Your identification, please.
是什么时候/在哪里发生的? shì shén me shí hou/zài nǎ li fā shēng de	*When/Where* did it happen?
他♂/她♀长得什么样? tā♂/tā♀ zhǎng de shén me yàng	What does he/she look like?

 The emergency numbers in China are as follows: 110, police; 120, ambulance; 119, fire emergency. For telephone directory, dial 114. A list of important numbers, including local emergency services, should be available at your hotel or the tourist information office.

Lost Property and Theft

I'd like to report...	我想报告一次…事件。wǒ xiǎng bào gào yí cì…shì jiàn
– a mugging	–抢劫 qiǎng jié
– a rape	–强奸 qiáng jiān
– a theft	–偷窃 tōu qiè
I was *mugged/robbed*.	我被抢/遭抢劫了。wǒ bèi *qiǎng/zāo qiǎng jié* le
I lost my...	我的…丢了。wǒ de…diū le
My...was stolen.	我的…被偷了。wǒ…de bèi tōu le
– backpack	–背包 bēi bāo
– bicycle	–自行车 zì xíng chē
– camera	–照相机 zhào xiàng jī
– (rental [hire]) car	–（租的）汽车 (zū de) qì chē
– computer	–计算机 jì suàn jī
– credit card	–信用卡 xìn yòng kǎ
– jewelry	–首饰 shǒu shì
– money	–钱 qián
– passport	–护照 hù zhào
– purse [handbag]	–提包 tí bāo
– traveler's checks [cheques]	–旅行支票 lǚ xíng zhī piào
– wallet	–钱包 qián bāo
I need a police report.	我要报警。wǒ yào bào jǐng

Health

I'm sick [ill].	我病了。wǒ bìng le
I need an English-speaking doctor.	我需要说英语的医生。wǒ xū yào shuō yīng yǔ de yī shēng
It hurts here.	这里疼。zhè lǐ téng
I have a stomachache.	我肚子疼。wǒ dù zi téng

Finding a Doctor

Can you recommend a *doctor/dentist*?	你能推荐一位医生/牙医吗？nǐ néng tuī jiàn yí wèi *yī shēng/yá yī* ma
Can the doctor come here?	医生能来这里吗？yī shēng néng lái zhè li ma
I need an English-speaking doctor.	我需要说英语的医生。wǒ xū yào shuō yīng yǔ de yī shēng
What are the office hours?	办公时间是什么时候？bàn gōng shí jiān shì shén me shí hou
I'd like an appointment for…	我想要…预约。wǒ xiǎng yào…yù yuē
– today	– 今天 jīn tiān
– tomorrow	– 明天 míng tiān
– as soon as possible	– 尽快 jǐn kuài
It's urgent.	很急。hěn jí

Symptoms

I'm…	我… wǒ…
– bleeding	– 在流血 zài liú xuè
– constipated	– 便秘 biàn bì
– dizzy	– 头晕 tóu yūn
– nauseous	– 恶心 ě xīn
– vomiting	– 呕吐 ǒu tù
It hurts here.	这里疼。zhè li téng
I have…	我… wǒ…
– an allergic reaction	– 有过敏反应 yǒu guò mǐn fǎn yìng
– chest pain	– 胸口痛 xiōng kǒu tòng
– cramps	– 有痉挛 yǒu jìng luán
– diarrhea	– 腹泻 fù xiè
– an earache	– 耳朵疼 ěr duo téng
– a fever	– 发烧 fā shāo
– pain	– 身上疼 shēn shàng téng
– a rash	– 出疹子了 chū zhěn zi le
– a sprain	– 有扭伤 yǒu niǔ shāng
– some swelling	– 有浮肿 yǒu fú zhǒng
– a sore throat	– 喉咙痛 hóu lóng tòng
– a stomachache	– 肚子疼 dù zi téng
– sunstroke	– 中暑 zhòng shǔ
I've been sick [ill] for…days.	我病了已经…天了。wǒ bìng le yǐ jīng… tiān le

▶ For numbers, see page 169.

Health Conditions

I'm anemic.	我贫血。	wǒ pín xuě
I'm allergic to *antibiotics/penicillin.*	我对抗生素/青霉素过敏。	wǒ duì *kàng shēng sù/qīng méi sù* guò mǐn

▶ For food items, see page 88.

I have…	我有…	wǒ yǒu…
– arthritis	–关节炎	guān jié yán
– asthma	–气喘病	qì chuǎn bìng
– a heart condition	–心脏病	xīn zàng bìng
– diabetes	–糖尿病	táng niào bìng
– *high/low* blood pressure	–高/低血压	*gāo/dī* xuè yā
I'm on…	–我在吃…	wǒ zài chī…

You May Hear…

怎么了？zěn me le	What's wrong?
哪里疼？nǎ li téng	Where does it hurt?
这里疼吗？zhè li téng ma	Does it hurt here?
你在吃药吗？nǐ zài chī yào ma	Are you on medication?
你对什么过敏吗？nǐ duì shén me guò mǐn ma	Are you allergic to anything?
把嘴张开。bǎ zuǐ zhāng kāi	Open your mouth.
深呼吸。shēn hū xī	Breathe deeply.
请咳嗽。qǐng ké sou	Cough please.
去看专家。qù kàn zhuān jiā	See a specialist.
去医院。qù yī yuàn	Go to the hospital.
它… tā…	It's…
骨折了 gǔ zhé le	broke
会传染 huì chuán rǎn	contagious
被感染了 bèi gǎn rǎn le	infected
被扭伤了 bèi niǔ shāng le	sprained
不要紧 bú yào jǐn	nothing serious

Treatment

Do I need a prescription/ medicine?	我需要处方/吃药吗？wǒ xū yào *chǔ fāng/ chī yào* ma
Can you prescribe a generic drug [unbranded medication]?	你能开常用药吗？nǐ néng kāi cháng yòng yào ma

Where can I get it?	我在哪里可以买到？ wǒ zài nǎ li kě yǐ mǎi dào
Is this over the counter?	这是无处方药吗？ zhè shì wú chǔ fāng yào ma

▶ For dosage instructions, see page 162.

Hospital

Notify my family, please.	请通知我家人。qǐng tōng zhī wǒ jiā rén
I'm in pain.	我很疼。wǒ hěn téng
I need a *doctor/nurse*.	我需要医生/护士。wǒ xū yào *yī shēng/hù shi*
When are visiting hours?	探病时间是什么时候？ tàn bìng shí jiān shì shén me shí hou
I'm visiting…	我来看望… wǒ lái kàn wàng…

Dentist

I have…	我… wǒ…
– a broken tooth	–有一颗断牙 yǒu yì kē duàn yá
– lost a filling	–的补牙填料掉了 de bǔ yá tián liào diào le
– a toothache	–牙疼 yá téng
Can you fix this denture?	你能修这个假牙吗？ nǐ néng xiū zhè ge jiǎ yá ma

Gynecologist

I have *cramps/ a vaginal infection*.	我有经期腹痛/阴道感染。wǒ yǒu *jīng qī fù tòng/yīn dào gǎn rǎn*
I missed my period.	我月经没来。wǒ yuè jīng méi lái
I'm on the Pill.	我在吃避孕药。wǒ zài chī bì yùn yào

I'm (…months) pregnant.	我怀孕（…月）了。wǒ huái yùn (…yuè) le
I'm not pregnant.	我没怀孕。wǒ méi huái yùn
My last period was…	我上次月经是… wǒ shàng cì yuè jīng shì…

Optician

I lost…	我丢了… wǒ diū le…
– a contact lens	– 隐形眼镜 yǐn xíng yǎn jìng
– my glasses	– 我的眼镜 wǒ de yǎn jìng
– a lens	– 一个镜片 yí gè jìng piàn

Payment and Insurance

How much?	多少钱？duō shǎo qián
Can I pay by credit card?	我可以用信用卡付款吗？wǒ kě yǐ yòng xìn yòng kǎ fù kuǎn ma
I have insurance.	我有保险。wǒ yǒu bǎo xiǎn
I need a receipt for my insurance.	我需要一張給保险的收据。wǒ xū yào yì zhāng gěi bǎo xiǎn de shōu jù

Pharmacy [Chemist]

Essential

Where's the pharmacy [chemist]?	药房在哪里？ yào fáng zài nǎ li
What time does it *open/close*?	它什么时候开门/关门？ tā shén me shí hou *kāi mén/guān mén*
What would you recommend for...?	你…推荐什么呢？ nǐ...tuī jiàn shén me ne
How much do I take?	我要吃多少呢？ wǒ yào chī duō shǎo ne
Can you fill [make up] this prescription?	你能提供这种处方药吗？ nǐ néng tí gōng zhè zhǒng chǔ fāng yào ma
I'm allergic to...	我对…过敏？ wǒ duì...guò mǐn

You will likely find some 24-hour pharmacies in larger cities. Standard pharmacy hours are 9 a.m. to 9 p.m. In the event of an emergency, visit the nearest hospital emergency center. China is well known for its traditional pharmacies, 中药 **zhōng yào**, which provide many natural remedies: dried and preserved plants, seeds, animal parts and minerals. You may also find acupuncture needles and other holistic healing tools at these locations.

Dosage Instructions

How much do I take?	我吃多少呢？ wǒ chī duō shǎo ne
How often?	多长时间吃一次？ duō cháng shí jiān chī yí cì
Is it safe for children?	对孩子安全吗？ duì hái zi ān quán ma
I'm taking...	我在吃… wǒ zài chī...
Are there side effects?	有副作用吗？ yǒu fù zuò yòng ma

You May See...

一天一次/三次 yì tiān yí cì/sān cì	once/three times a day
片剂 piàn jì	tablet
滴剂 dī jì	drop
用茶匙吃 yòng chá chí chí	teaspoon
饭后/饭前/吃饭时服用 fàn hòu/fàn qián/chī fàn shí fú yòng	after/before/with meals
空腹服用 kōng fù fú yòng	on an empty stomach
整个咽下 zhěng gè yàn xià	swallow whole
可能使人困倦 kě néng shǐ rén kùn juàn	may cause drowsiness
只能外用 zhǐ néng wài yòng	for external use only

Health Problems

I need something for... 我需要治…的药。wǒ xū yào zhì…de yào

– a cold	– 感冒 gǎn mào
– a cough	– 咳嗽 ké sou
– diarrhea	– 腹泻 fù xiè
– a hangover	– 宿醉 sù zuì
– insect bites	– 虫咬 chóng yǎo
– motion [travel] sickness	– 晕动病 yùn dòng bìng
– a sore throat	– 喉咙痛 hóu lóng tòng
– sunburn	– 晒伤 shài shāng
– an upset stomach	– 肠胃不适 cháng wèi bú shì

Basic Needs

I'd like...	我要… wǒ yào...
– acetaminophen [paracetamol]	–泰诺 tài nuò
– aftershave	–须后水 xū hòu shuǐ
– aspirin	–阿斯匹灵 ā sī pī líng
– bandages	–绷带 bēng dài
– a comb	–一把梳子 yì bǎ shū zi
– condoms	–避孕套 bì yùn tào
– contact lens solution	–隐形眼镜清洗液 yǐn xíng yǎn jìng qīng xǐ yè
– deodorant	–止汗露 zhǐ hàn lù
– a hairbrush	–一把梳子 yì bǎ shū zi
– hairspray	–喷发剂 pēn fà jì
– ibuprofen	–布洛芬 bù luò fēn
– insect repellent	–杀虫剂 shā chóng jì
– lotion	–乳液 rǔ yè
– a nail file	–指甲锉刀 zhǐ jia cuò dāo
– a (disposable) razor	–（一次性）剃须刀 (yí cì xìng) tì xū dāo
– razor blades	–刀片 dāo piàn
– sanitary napkins [pads]	–卫生巾 wèi shēng jīn
– shampoo/conditioner	–香波/护发素 xiāng bō/hù fà sù
– soap	–肥皂 féi zào
– sunscreen	–防晒霜 fáng shài shuāng
– tampons	–月经栓 yuè jīng shuān
– tissues	–面巾纸 miàn jīn zhǐ
– toilet paper	–卫生纸 wèi shēng zhǐ
– toothpaste	–牙膏 yá gāo

▶ For basic needs for kids, see page 148.

Reference

Grammar ———————————————————

Verbs

Chinese verbs are not conjugated. There is one basic verb form
that is used for every person and time (present, past, future etc.)
Actions at different times are usually expressed with adverbs of
time—yesterday, tomorrow, etc.—e.g.,

I walk to school everyday. (habitual action)
他每天走路去上学.
tā měi tiān zǒu lù qù shàng xié

We want to go to school on foot. (talking about a plan)
我们要走路去上学。
wǒ men yào zǒu lù qù shàng xié

I walked to school. (talking about a past event)
我是走路去学校的。
wǒ shì zǒu lù qù xié xiào de

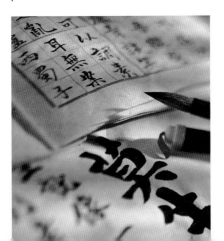

Time can also be expressed by using the particle 过 (guò) and/or 了 (le), e.g.,

I have eaten.
我吃过了。
wǒ chī guò le

Nouns

There are no plural forms for Chinese nouns, with few exceptions. Whether the noun is singular or plural is determined from the context or by a number modifying the noun.

My bag is missing.
我的包不见了。
wǒ de (yí ge) bāo bú jiàn le (use "yí ge" or nothing before or after "bāo")

My bags are missing.
我的包都不见了。 wǒ de dōu bú jiàn le (the word "dōu" indicate more than one)

Pronouns

Personal pronouns in Chinese are:

I	我	wǒ
you	你	nǐ
he	他	tā
she	她	tā
it	它	tā
we	我们	wǒ men
you (pl)	你们	nǐ men
they	他们♂/她们♀	tā men♂/tā men♀

Personal pronouns do not require different verb forms, e.g.,

I am 我是 wǒ shì

He is 他是 tā shì

They are 他们是 tā men shì

Add 的 (de) after the pronoun to make it possessive, e.g.,

my 我的 wǒ de (Literally: I + "de")

Word Order

Word order in Chinese is usually as in English: subject, verb, object. This varies, though, depending on the emphasis of the sentence.

I would like a cup of tea.
我想要杯茶。
wǒ xiǎng yào bēi chá

Yes/No questions are formed by adding the question word 吗 (ma) at the end of the statement, e.g.,

Is this the ticket office? (Literally: This is ticket office?)
这是售票处吗？
zhè shì shòu piào chù ma

Other questions are formed by inserting specific question words— who, what, where, when, how many, etc.—in the place in the statement where the information asked for would come, e.g.,

<u>Where</u> is the ticket office?
售票处在哪里？
shòu piào chù zài <u>nǎ li</u>

The Chinese is literally, "Ticket office is <u>where</u>?" "Where" follows the verb because the answer would also follow the verb, "The ticket office is <u>here</u>."

Negation and Affirmation

不 (bú) or 没 (méi) is added before the verb to indicate negation. While 不 precedes the verb to be, 没 is used in front of 有 (yǒu) and to negate action already completed. For example:

I am not on vacation.
我不是在度假。
wǒ bú shì zài dù jià

I have not bought the ticket.
我还没有买票。
wǒ hái méi yǒu mǎi piào.

Repeat the verb that was used in the question for affirmations or add 不 (bù) before the verb for negations.

Would you like tea?
你想喝茶吗？
nǐ xiǎng hē chá ma

Yes, I would.
想。
xiǎng

No, thank you.
不想。
bù xiǎng

Imperatives

Usually, 吧 (ba) or 呀 (ya) is added at the end of a statement to express a command politely, for example:

Buy the ticket! 买票吧！ mǎi piào ba

Adjectives

Adjectives with two or more syllables in Chinese usually have the character 的 (de) at the end and precede the noun they modify, for example:

a good meal 好吃的饭 hào chī de fàn

Adverbs

Adverbs in Chinese are usually followed by 地 (de) and precede the verbs they modify, for example:

work carefully 认真地工作 rèn zhēn de gōng zuò

Numbers

0	零	líng
1	一	yī
2	二	èr
3	三	sān
4	四	sì
5	五	wǔ
6	六	liù
7	七	qī
8	八	bā
9	九	jiǔ
10	十	shí
11	十一	shí yī
12	十二	shí èr
13	十三	shí sān
14	十四	shí sì
15	十五	shí wǔ
16	十六	shí liù
17	十七	shí qī
18	十八	shí bā
19	十九	shí jiǔ
20	二十	èr shí
21	二十一	èr shí yī
22	二十二	èr shí èr
30	三十	sān shí

31	三十一 sān shí yī
40	四十 sì shí
50	五十 wǔ shí
60	六十 liù shí
70	七十 qī shí
80	八十 bā shí
90	九十 jiǔ shí
100	一百 yì bǎi
101	一百零一 yì bǎi líng yī
200	二百 èr bǎi
500	五百 wǔ bǎi
1,000	一千 yì qiān
10,000	一万 yí wàn
1,000,000	一百万 yì bǎi wàn

In Chinese, there are general numbers, listed above, used for talking about sums of money, phone numbers, etc. There is also a system for combining a number with an object-specific counter. This system groups objects into types according to shape and size; there are specific ways to count flat objects, machines, animals, people, etc. When you're unsure of the correct counter, you can try using the general numbers above or the all-purpose counters that follow.

All-purpose Counters

1	一个	yí gè
2	两个	liǎng
3	三个	sān gè
4	四个	sì gè
5	五个	wǔ gè
6	六个	liù gè
7	七个	qī gè
8	八个	bā gè
9	九个	jiǔ gè
10	十个	shí gè

Note that the counter usually precedes the word it qualifies, for example:

I'd like an apple.
我想要一个苹果。
wǒ xiǎng yào yī gè píng guǒ

I'd like two apples.
我想要两个苹果。
wǒ xiǎng yào liǎng gè píng guǒ

Other Counters

	thin, flat objects	small objects (of any shape)	packages (of any size)
1	一张 yī zhāng	一片 yí piàn	一包 yí bāo
2	两张 liǎng zhāng	两片 liǎng piàn	两包 liǎng bāo
3	三张 sān zhāng	三片 sān piàn	三包 sān bāo
4	四张 sì zhāng	四片 sì piàn	四包 sì bāo
5	五张 wǔ zhāng	五片 wǔ piàn	五包 wǔ bāo

Ordinal Numbers

first	第一	dì yī
second	第二	dì èr
third	第三	dì sān
fourth	第四	dì sì
fifth	第五	dì wǔ

Measurements of Action

once	一次	yí cì
twice	两次	liǎng cì
three times	三次	sān cì

Time

Essential

What time is it?	几点了？jǐ diǎn le
It's noon [midday].	现在是中午。xiàn zài shì zhōng wǔ
At midnight.	午夜 wǔ yè
From one o'clock to two o'clock.	从一点到两点 cóng yì diǎn dào liǎng diǎn
Five after [past] three.	三点过五分 sān diǎn guò wǔ fēn
A quarter to four.	差一刻四点 chà yí kè sì diǎn
5:30 *a.m./p.m.*	上午/下午五点半 *shàng wǔ/xià wǔ* wǔ diǎn bàn

Days

Monday	星期一	xīng qī yī
Tuesday	星期二	xīng qī èr
Wednesday	星期三	xīng qī sān
Thursday	星期四	xīng qī sì
Friday	星期五	xīng qī wǔ
Saturday	星期六	xīng qī liù
Sunday	星期天	xīng qī tiān

Dates

yesterday	昨天	zuó tiān
today	今天	jīn tiān
tomorrow	明天	míng tiān
day	天	tiān
week	星期	xīng qī
month	月	yuè
year	年	nián

In China, dates are written in the following order: year
年 (**nián**), month 月 (**yuè**) and date 日 (**rì**). For example,
October 12, 2006 in Chinese would be **2006** 年 **10** 月 **12** 日.
Note that while months can be represented as follows, Arabic
numbers are also used.

Months

January	一月	yī yuè
February	二月	èr yuè
March	三月	sān yuè
April	四月	sì yuè
May	五月	wǔ yuè
June	六月	liù yuè
July	七月	qī yuè
August	八月	bā yuè
September	九月	jiǔ yuè
October	十月	shí yuè
November	十一月	shí yī yuè
December	十二月	shí èr yuè

Seasons

in/during the…	在…	zài…
– spring	–春天	chūn tiān
– summer	–夏天	xià tiān
– fall [autumn]	–秋天	qiū tiān
– winter	–冬天	dōng tiān

Holidays

1st Day of the 1st Lunar Month: Spring Festival (Chinese New Year)

March 8: International Woman's Day

May 1: International Labor Day

May 5 (Lunar Calendar): Dragon Boat Festival

June 1: Children's Day

October 1: National Day

October 15 (Lunar Calendar): Mid-Autumn Festival (Moon-cake Day)

 Traditional holidays, such as Chinese New Year, or Spring Festival, follow the lunar calendar and, so, dates vary annually. Chinese New Year is an important holiday in China, celebrated with gifts, decorations, traditional food and fireworks. It ends on the fifteenth day of the lunar new year with the Lantern Festival, which includes festivities such as a lantern parade and lion dance.

Conversion Tables

When you know	Multiply by	To find
ounces	28.3	grams
pounds	0.45	kilograms
inches	2.54	centimeters
feet	0.3	meters
miles	1.61	kilometers
square inches	6.45	sq. centimeters
square feet	0.09	sq. meters
square miles	2.59	sq. kilometers
pints (US/Brit)	0.47/0.56	liters
gallons (US/Brit)	3.8/4.5	liters
Fahrenheit	5/9, after −32	Centigrade
Centigrade	9/5, then +32	Fahrenheit

Mileage

1 km – 0.62 mi	20 km – 12.4 mi
5 km – 3.1 mi	50 km – 31 mi
10 km – 6.2 mi	100 km – 61 mi

Measurement

1 gram	1 克 kè	= 0.035 oz.
1 pound (lb)	1 磅 bàng	= 1.1 lb
1 kilogram (kg)	1 公斤 gōng jīn	= 2.2 lb
1 liter (l)	1 公升 gōng shēng	= 1.06 U.S/0.88 Brit. quarts
1 centimeter (cm)	1 厘米 lí mǐ	= 0.4 inch
1 meter (m)	1 米 mǐ	= 3.28 feet
1 kilometer (km)	1 公里 gōng lǐ	= 0.62 mile

Temperature

-40° C – -40° F	-1° C – 30° F	20° C – 68° F
-30° C – -22° F	0° C – 32° F	25° C – 77° F
-20° C – -4° F	5° C – 41° F	30° C – 86° F
-10° C – 14° F	10° C – 50° F	35° C – 95° F
-5° C – 23° F	15° C – 59° F	

Oven Temperature

100° C – 212° F	177° C – 350° F
121° C – 250° F	204° C – 400° F
149° C – 300° F	260° C – 500° F

Useful Websites

For airport safety information
www.tsa.gov (U.S.)
www.caa.co.uk (U.K.)

For general tourism information about China
www.chinahighlights.com
www.chinatravel.com
www.chinatour.com

For Chinese tourist information offices
www.cnto.org
www.cytstours.com
www.citsusa.com
www.chinatravelservice.com

Gay-friendly travel in China
www.gay.com/travel/destinations

For hostel reservations and information
www.hihostels.com

English–Chinese Dictionary

adj	adjective	BE	British English	v	verb
adv	adverb	n	noun		

178

arrivals (airport) 抵达 dǐ dá
arrive v 到达 dào dá
artery 动脉 dòng mài
arthritis 关节炎 guān jié yán
Asian (restaurant) 亚洲 yà zhōu
aspirin 阿斯匹林 ā sī pǐ lín
asthmatic 气喘 qì chuǎn
ATM 自动取款机 zì dòng qǔ kuǎn jī
ATM card 自动取款卡 zì dòng qǔ kuǎn jǎ
attack (on person) 攻击 gōng jī
attend v 出席 chū xí
attraction (place) 游览胜地 yóu lǎn shèng dì
attractive 有吸引力的 yǒu xī yǐn lì de
Australian 澳大利亚人 ào dà lì yà rén
automatic 自动 zì dòng
automatic car 自动汽车 zì dòng qì chē

B

baby 婴儿 yīng ér
baby bottle 奶瓶 nǎi píng
baby wipe 婴儿纸巾 yīng ér zhǐ jīn
babysitter 保姆 bǎo mǔ
back (body part) 背部 bèi bù
backpack 背包 bēi bāo
bag 袋子 dài zǐ
baggage [BE] 行李 xíng li
baggage claim 行李认领 xíng li rèn lǐng
baggage ticket 行李票 xíng li piào
bakery 面包店 miàn bāo diàn
ballet 芭蕾 bā léi
bandage 绷带 bēng dài
bank 银行 yín háng

bar (place) 酒吧 jiǔ bā
barbecue 烤肉 kǎo ròu
barber 理发师 lǐ fā shī
baseball 棒球 bàng qiú
basket (grocery store) 购物篮子 gòu wù lán zǐ
basketball 篮球 lán qiú
bathroom 浴室 yù shì
battery 电池 diàn chí
battleground 战场 zhàn chǎng
be v 是 shì
beach 海滩 hǎi tān
beautiful 美丽 měi lì
bed 床 chuáng
bed and breakfast 带早餐的旅店 dài zǎo cān de lǚ diàn
begin v 开始 kāi shǐ
before 以前 yǐ qián
beginner (skill level) 初学者 chū xué zhě
behind (direction) 后面 hòu mian
beige 米黄色 mǐ huáng sè
belt 皮带 pí dài
berth 铺位 pùwèi
best 最好 zuì hǎo
better 更好 gèng hǎo
bicycle 自行车 zì xíng chē
big 大 dà
bigger 更大 gèng dà
bike route 自行车路线 zì xíng chē lù xiàn
bikini 比基尼泳装 bǐ jī ní yǒng zhuāng
bill v **(charge)** 开付款单 kāi fù kuǎn dān; ~ n **(money)** 纸币 zhǐ bì; ~ n **(of sale)** 账单 zhàng dān
bird 鸟 niǎo
birthday 生日 shēng rì
black 黑色 hēi sè

bladder 膀胱 páng guāng

bland 无味 wú wèi

blanket 毯子 tǎn zi

bleed v 流血 liú xuè

blood 血液 xuè yè

blood pressure 血压 xuè yā

blouse 女衬衫 nǚ chèn shān

blue 蓝色 lán sè

board v 登机 dēng jī

boarding pass 登机牌 dēng jī pái

boat 小船 xiǎo chuán

bone 骨头 gǔ tou

book 书 shū

bookstore 书店 shū diàn

boots 靴子 xuē zi

boring 无聊的 wú liáo de

botanical garden 植物园 zhí wù yuán

bother v 打扰 dǎ rǎo

bottle 瓶 píng

bottle opener 瓶启子 píng qǐ zi

bowl 碗 wǎn

box 箱子 xiāng zǐ

boxing match 拳击比赛 quán jī bǐ sài

boy 男孩 nán hái

boyfriend 男朋友 nán péng you

bra 胸罩 xiōng zhào

bracelet 手镯 shǒu zhuó

brakes (car) 闸 zhá

break v (tooth) 断 duàn

break-in (burglary) 闯入 chuǎng rù

breakdown 出故障 chū gù zhàng

breakfast 早餐 zǎo cān

breast 乳房 rǔ fáng

breastfeed 母乳喂养 mǔ rǔ wèi yǎng

breathe v 呼吸 hū xī

bridge 桥梁 qiáo liáng

briefs (clothing) 男内裤 nán nèi kù

bring v 带来 dài lái

British 英国人 yīng guó rén

broken 破了 pò le

brooch 别针 bié zhēn

broom 笤帚 tiáo zhǒu

brother 兄弟 xiōng dì

brown 褐色 hè sè

bug 虫子 chóng zi

building 大厦 dà shà

burn v 烧 shāo

bus 公共汽车 gōng gòng qì chē

bus station 公共汽车站 gōng gòng qì chē zhàn

bus stop 公共汽车站 gōng gòng qì chē zhàn

bus ticket 公共汽车票 gōng gòng qì chē piào

bus tour 公共汽车游览 gōng gòng qì chē yóu lǎn

business 商务 shāng wù

business card 名片 míng piàn

business center 商业中心 shāng yè zhōng xīn

business class 商务舱 shāng wù cāng

business hours 营业时间 yíng yè shí jiān

butcher 屠户 tú hù

buttocks 屁股 pì gu

buy v 买 mǎi

bye 再见 zài jiàn

C

cabin 客舱 kè cāng

cable car 缆车 lǎn chē

café 小餐馆 xiǎo cān guǎn

call v打电话 dǎ diàn huà; ~ n 电话 diàn huà

calligraphy supplies 书法用品 shū fǎ yòng pǐn

calories 卡路里 kǎ lù lǐ

camera 照相机 zhào xiàng jī

camera case 照相机套 zhào xiàng jī tào

camera store 照相器材商店 zhào xiàng qì cái shāng diàn

camp v露营 lù yíng

camping stove 露营炉 lù yíng lú

campsite 露营地 lù yíng dì

can opener 开罐器 kāi guàn qì

Canada 加拿大 jiā ná dà

Canadian 加拿大人 jiā ná dà rén

cancel v取消 qǔ xiāo

candy 糖果 táng guǒ

canned good 罐装食品 guàn zhuāng shí pǐn

canyon 峡谷 xiá gǔ

car 汽车 qì chē

car hire [BE] 出租汽车 chū zū qì chē

car park [BE] 停车场 tíng chē chǎng

car rental 出租汽车 chū zū qì chē

car seat 汽车座位 zuò wèi

carafe 玻璃调料瓶 bō li tiáo liào píng

card 卡 kǎ

carry-on 手提行李 shǒu tí xíng li

cart (grocery store) 手推车 shǒu tuī chē; ~ (luggage) 行李推车 xíng li tuī chē

carton 条 tiáo

case (amount) 件 jiàn

cash v 兑现金 duì xiàn jīn; ~ n 现金 xiàn jīn

cash advance 预支现金 yù zhī xiàn jīn

cashier 出纳员 chū nà yuán

casino 赌博娱乐场 dǔ bó yú lè chǎng

castle 城堡 chéng bǎo

cathedral 大教堂 dà jiào táng

cave 洞 dòng

CD CD CD

cell phone 手机 shǒu jī

Celsius 摄氏 shè shì

centimeter 厘米 lí mǐ

ceramic spoon 汤勺 tāng sháo

certificate 证明 zhèng míng

chair 椅子 yǐ zi

chair lift 升降椅 shēng jiàng yǐ

change v (buses) 换车 huàn chē; ~ v (money) 换钱 huàn qián; ~ v (baby) 换尿布 huàn niào bù; ~ n (money) 零钱 líng qián

charcoal 木炭 mù tàn

charge v (credit card) 用信用卡付款 yòng xìn yòng kǎ fù kuǎn; n (cost) 收费 shōu fèi

cheap 便宜 pián yi

cheaper 更便宜 gèng pián yi

check v (something) 检查 jiǎn chá; ~ v (luggage) 托运 tuō yùn; ~ n (payment) 支票 zhī piào

check-in (hotel) 办入住 bàn rù zhù; ~ (airport) 办理登机手续 bàn lǐ dēng jī shǒu xù

checking account 支票账户 zhī piào zhàng hù

check-out (hotel) n 退房 tuì fáng

chemical toilet 简易厕所 jiǎn yì cè suǒ

chemist [BE] 药剂师 yào jì shī

cheque [BE] 支票 zhī piào

chest (body part) 胸口 xiōng kǒu

chest pain 胸口痛 xiōng kǒu tòng

chewing gum 口香糖 kǒu xiāng táng

child 孩子 hái zi

child's seat 儿童座位 ér tóng zuò wèi

children's menu 儿童菜单 ér tóng cài dān

children's portion 儿童饭量 ér tóng fàn liàng

china 瓷器 cí qì

China 中国 zhōng guó

Chinese 中文 zhōng wén

Chinese painting 中国画 zhōng guó huà

chopsticks 筷子 kuài zi

church 教堂 jiào táng

cigar 雪茄 xuě jiā

cigarette 香烟 xiāng yān

class 舱 cāng

clay pot 砂锅 shā guō

cloisonné 景泰蓝 jǐng tài lán

classical music 古典音乐 gǔ diǎn yīn yuè

clean v 清洗 qīng xǐ; ~ adv 干净 gān jìng

cleaning product 清洁产品 qīng jié chǎn pǐn

cleaning supplies 清洁产品供应 qīng jié chǎn pǐn gōng yìng

clear v (on an ATM) 清除 qīng chú

cliff 峭壁 qiào bì

cling film [BE] 保鲜膜 bǎo xiān mó

close v (a shop) 关门 guān mén; ~ adj 近 jìn

closed 关闭 guān bì

clothing 衣物 yī wù

clothing store 服装店 fú zhuāng diàn

club 俱乐部 jù lè bù

coat 外套 wài tào

coffee shop 咖啡店 kā fēi diàn

coin 硬币 yìng bì

cold (sickness) 感冒 gǎn mào; ~ (temperature) 冷 lěng

colleague 同事 tóng shì

cologne 科隆香水 kē lóng xiāng shuǐ

color 颜色 yán sè

comb 梳子 shū zi

come v 来 lái

complaint 怨言 yuàn yán

computer 计算机 jì suàn jī

concert 音乐会 yīn yuè huì

concert hall 音乐厅 yīn yuè tīng

condition (medical) 症状 zhèng zhuàng

conditioner 护发素 hù fà sù

condom 避孕套 bì yùn tào

conference 会议 huì yì

confirm v 证实 zhèng shí

congestion 充血 chōng xuè

connect v (internet) 连接 lián jiē

connection (internet) 连接 lián jiē; ~ (flight) 转机 zhuǎn jī

constipated 便秘 biàn mì

consulate 领事馆 lǐng shì guǎn

consultant 顾问 gù wèn

contact v 联系 lián xì

contact lens 隐形眼镜 yǐn xíng yǎn jìng

contact lens solution 隐形眼镜液 yǐn xíng yǎn jìng yè

contagious 传染的 chuán rǎn de

convention hall 会议厅 huì yì tīng

conveyor belt 传送带 chuán sòng dài

cook v 烹调 pēng tiáo

cooking gas 烹调煤气 pēng tiáo méi qì

cool (temperature) 凉 liáng

copper 铜 tóng

corkscrew 开塞钻 kāi sāi zuàn

cost v 花费 huā fèi

cot 轻便小床 qīng biàn xiǎo chuáng

cotton 棉花 mián hua

cough 咳嗽 ké sou

country code 国家代号 guó jiā dài hào

cover charge 附加费 fù jiā fèi

crash v (car) 撞 zhuàng

cream (ointment) 药膏 yào gāo

credit card 信用卡 xìn yòng kǎ

crew neck 圆领 yuán lǐng

crib 摇篮 yáo lán

crystal 水晶 shuǐ jīng

cup 杯子 bēi zi

currency 货币 huò bì

currency exchange 货币兑换 huò bì duì huàn

currency exchange office 货币兑换局 huò bì duì huàn jú

current account [BE] 支票账户 zhī piào zhàng hù

customs 海关 hǎi guān

cut v (hair) 剪 jiǎn; ~ n (injury) 伤口 shāng kǒu

cute 逗人喜爱 dòu rén xǐ ài

cycling 骑自行车 qí zì xíng chē

D

damage v 损伤 sǔn shāng

damaged 坏了 huài le

dance v 跳舞 tiào wǔ

dance club 舞蹈俱乐部 wǔ dǎo jù lè bù

dancing 跳舞 tiào wǔ

dangerous 危险 wēi xiǎn

dark 黑暗 hēi àn

date (calendar) 日期 rì qī

day 天 tiān

deaf 聋 lóng

debit card 借记卡 jiè jì kǎ

deck chair 轻便折叠躺椅 qīng biàn zhé dié tǎng yǐ

declare v 申报 shēn bào

decline v (credit card) 拒绝 jù jué

deeply 深深地 shēn shēn de

degrees (temperature) 度 dù

delay v 晚点 wǎn diǎn

delete v 删除 shān chú

delicatessen 熟食 shú shí

delicious 可口 kě kǒu

denim 斜纹粗棉布 xié wén cū mián bù

dentist 牙医 yá yī

denture 假牙 jiǎ yá

deodorant 止汗露 zhǐ hàn lù

department store 百货商店 bǎi huò shāng diàn

departure 离开 lí kāi

deposit v 存钱 cún qián; ~ n (bank) 储蓄 chǔ xù

desert 沙漠 shā mò

detergent 洗涤剂 xǐ dí jì

diabetic 糖尿病 táng niào bìng

dial v 拨号 bō hào

diamond 钻石 zuàn shí

diaper 尿布 niào bù

diarrhea 腹泻 fù xiè

diesel 柴油 chái yóu

difficult 困难 kùn nan

digital 数码 shù mǎ

digital camera 数码相机 shù mǎ xiàng jī

digital photo 数码相片 shù mǎ xiàng piàn

digital print 数码印刷品 shù mǎ yìn shuā pǐn

dining room 饭厅 fàn tīng

dinner 晚餐 wǎn cān

direction 方向 fāng xiàng

dirty 肮脏 āng zāng

disabled 残疾 cán jí

disabled accessible [BE] 残疾人通道 cán jí rén tōng dào

disconnect (computer) 断开 duàn kāi

discount 折扣 zhé kòu

dish (kitchen) 碟子 dié zi

dishwasher 洗碗机 xǐ wǎn jī

dishwashing liquid 洗碗液 xǐ wǎn yè

display 显示 xiǎn shì

display case 陈列橱 chén liè chú

disposable 一次性 yí cì xìng

disposable razor 一次性剃刀 yí cì xìng tì dāo

dive v 潜水 qián shuǐ

diving equipment 潜水用具 qián shuǐ yòng jù

divorce v 离婚 lí hūn

dizzy 头昏眼花 tóu hūn yǎn huā

doctor 医生 yī shēng

doll 玩具娃娃 wán jù wá wá

dollar (U.S.) 美元 měi yuán

domestic 国内 guó nèi

domestic flight 国内航班 guó nèi hang bān

dormitory 宿舍 sù shè

double bed 双人床 shuāng rén chuáng

downtown 市中心 shì zhōng xīn

dozen 十二 shí èr

drag lift 牵引缆车 qiān yǐn lǎn chē

dress (piece of clothing) 連衣裙 lián yī qún

dress code 着装要求 zhuó zhuāng yāo qiú

drink v 喝 hē; ~ n 饮料 yǐn liào

drink menu 饮料单 yǐn liào dān

drinking water 饮用水 yǐn yòng shuǐ

drive v 开车 kāi chē

driver's license number 司机驾照号 sī jī jià zhào hào

drop (medicine) 滴 dī

drowsiness 睡意 shuì yì

dry cleaner 干洗店 gān xǐ diàn

during 期间 qī jiān

duty (tax) 关税 guān shuì

duty-free 免税 miǎn shuì

DVD DVD DVD

E

ear 耳朵 ěr duo

earache 耳朵疼 ěr duo téng

early 早 zǎo

earrings 耳环 ěr huán

east 东部 dōng bù

easy 容易 róng yì

eat v 吃 chī

economy class 经济舱 jīng jì cāng

elbow 肘 zhǒu

electric outlet 电插座 diàn chā zuò

elevator 电梯 diàn tī

e-mail v 发电邮 fā diàn yóu; ~ n 电子邮件 diàn zǐ yóu jiàn

e-mail address 电邮地址 diàn yóu dì zhǐ

emergency 紧急状态 jǐn jí zhuàng tài

emergency exit 紧急出口 jǐn jí chū kǒu

empty v 倒空 dǎo kōng

enamel (jewelry) 珐琅 fà láng

end v 结束 jié shù

English 英语 yīng yǔ

engrave v 雕刻 diāo kè

enjoy v 享用 xiǎng yòng

enter v 进入 jìn rù

entertainment 娱乐 yú lè

entrance 入口 rù kǒu

envelope 信封 xìn fēng

epileptic 癫痫 diān xián

equipment 设备 shè bèi

escalator 自动扶梯 zì dòng fú tī

e-ticket 电子票 diàn zǐ piào

evening 晚上 wǎn shang

excess 超过 chāo guò

exchange v (money) 兑换 duì huàn; ~ v (goods) 交换 jiāo huàn; ~ n (place) 换地方 huàn dì fāng

exchange rate 兑换率 duì huàn lǜ

excursion 游览 yóu lǎn

excuse v 原谅 yuán liàng

exhausted 用尽 yòng jìn

exit v 出去 chū qù; ~ n 出口 chū kǒu

expensive 昂贵 áng guì

expert (skill level) 专家 zhuān jiā

exposure (film) 曝光 bào guāng

express 快 kuài

extension (phone) 分机 fēn jī

extra 额外 é wài

extra large 特大号 tè dà hào

extract v (tooth) 拔 bá

eye 眼睛 yǎn jīng

F

face 面孔 miàn kǒng

facial 面部 miàn bù

family 家庭 jiā tíng

fan (appliance) 电扇 diàn shàn

far 远 yuǎn

far-sighted 远视 yuǎn shì

farm 农场 nóng chǎng

fast 快速 kuài sù

fast food 快餐 kuài cān

fat free 无脂肪 wú zhī fáng

father 父亲 fù qīn

fax v 发传真 fā chuán zhēn; ~ n 传真 chuán zhēn

fax number 传真号 chuán zhēn hào

fee 费用 fèi yòng

feed v 哺养 bǔ yǎng

ferry 轮渡 lún dù

fever 发烧 fā shāo

field (sports) 运动场 yùn dòng chǎng

fill up v (food) 加满 jiā mǎn

fill out v (form) 填写 tián xiě

filling (tooth) 填充物 tián chōng wù

film (camera) 胶卷 jiāo juǎn

fine (fee) 罚款 fá kuǎn

finger 手指 shǒu zhǐ

fingernail 指甲 zhǐ jia

fire 火 huǒ

fire department 消防队 xiāo fáng duì

fire door 防火门 fáng huǒ mén

first class 头等舱 tóu děng cāng

fit (clothing) 适合 shì hé

fitting room 试衣间 shì yī jiān

fix v (repair) 修理 xiū lǐ

fixed-price menu 价格固定的菜单 gù dìng jià gé cài dān

flashlight 手电 shǒu diàn

flight 航班 háng bān

floor 地板 dì bǎn

florist 卖花人 mài huā rén

flower 花 huā

folk music 民间音乐 mín jiān yīn yuè

food 食物 shí wù

foot 脚 jiǎo

football game [BE] 足球赛 zú qiú sài

for 为 wéi

forecast 预报 yù bào

forest 森林 sēn lín

fork 叉子 chā zi

form (fill-in) 表格 biǎo gé

formula (baby) 奶粉 nǎi fěn

fort 要塞 yào sài

fountain 喷泉 pēn quán

free 免费 miǎn fèi

freezer 冷冻机 lěng dòng jī

fresh 新鲜 xīn xiān

friend 朋友 péng you

frying pan 煎锅 jiān guō

full-service 全面服务 quán miàn fú wù

G

game 游戏 yóu xì

garage 车库 chē kù

garbage bag 垃圾袋 lā jī dài

gas 汽油 qì yóu

gas station 加油站 jiā yóu zhàn

gate (airport) 登机门 dēng jī mén

gay 男同性恋 nán tóng xìng liàn

gay bar 男同性恋酒吧 nán tóng xìng liàn jiǔ bā

gay club 男同性恋俱乐部 nán tóng xìng liàn jù lè bù

gel (hair) 发胶 fà jiāo

get to 到 dào

get off (a train/bus/subway) 下车 xià chē

gift 礼物 lǐ wù

gift shop 礼品店 lǐ pǐn diàn

girl 女孩 nǚ hái

girlfriend 女朋友 nǚ péng you

give v 给 gěi

glass (drinking) 玻璃杯 bō li bēi; **~ (material)** 玻璃 bō li

glasses 眼镜 yǎn jìng

go v (somewhere) 去 qù

gold 金子 jīn zi

golf course 高尔夫球场 gāo ěr fū qiú chǎng

golf tournament 高尔夫球比赛 gāo ěr fū qiú bǐ sài

good 好 hǎo

good afternoon 下午好 xià wǔ hǎo

good evening 晚上好 wǎn shang hǎo

good morning 早晨好 zǎo chen hǎo

goodbye 再见 zài jiàn

goods 物品 wù pǐn

gram 克 kè

grandchild 孙子 sūn zi

grandparent 祖父/母 zǔ fù/mǔ

gray 灰色 huī sè

Great Hall of the People 人民大会堂 rén mín dà huì táng

green 绿色 lǜ sè

grocery store 杂货店 zá huò diàn

ground floor 一楼 yī lóu

group 小组 xiǎo zǔ

guide *n* 指南 zhǐ nán

guide book 指南书 zhǐ nán shū

guide dog 导盲犬 dǎo máng quǎn

gym 体操 tǐ cāo

gynecologist 妇产科医师 fù chǎn kē yī shī

H

hair 头发 tóu fà

hair dryer 吹风机 chuī fēng jī

hair salon 发廊 fà láng

hairbrush 梳子 shū zi

haircut 理发 lǐ fà

hairspray 喷发剂 pēn fà jì

hairstyle 发型 fà xíng

hairstylist 发型师 fà xíng shī

halal 清真食品 qīng zhēn shí pǐn

half 半 bàn

half hour 半小时 bàn xiǎo shí

half-kilo 半公斤 bàn gōng jīn

hammer 锤子 chuí zi

hand 手 shǒu

hand luggage [BE] 手提行李 shǒu tí xíng li

handbag [BE] 提包 tí bāo

handicapped 残疾 cán jí

handicapped-accessible 残疾人通道 cán jí rén tōng dào

hangover 宿醉 sù zuì

happy 愉快 yú kuài

hat 帽子 mào zi

have *v* 有 yǒu

hay fever 花粉症 huā fěn zhèng

head (body part) 头 tóu

headache 头疼 tóu téng

headphones 耳机 ěr jī

health 健康 jiàn kāng

health food store 健康食品商店 jiàn kāng shí pǐn shāng diàn

hearing impaired 听力障碍 tīng lì zhàng ài

heart 心脏 xīn zàng

heart condition 心脏病 xīn zàng bìng

heat 暖气 nuán qì

heater 加热器 jiā rè qì

heating [BE] 暖气 nuán qì

hello 你好 nǐ hǎo

helmet 头盔 tóu kuī

help 帮助 bāng zhù

here 这里 zhè lǐ

hi 你好 nǐ hǎo

high 高 gāo

highchair 高脚椅 gāo jiǎo yǐ

highway 高速公路 gāo sù gōng lù

hill 小山 xiǎo shān

hire *v* [BE] 雇用 gù yòng

hire car [BE] 租用汽车 zū yòng qì chē

hitchhike *v* 搭车 dā chē

hockey 曲棍球 qū gùn qiú

holiday [BE] 假日 jià rì

horse track 跑马场 pǎo mǎ chǎng

hospital 医院 yī yuàn

hostel 旅舍 lǚ shè

hot (temperature) 热 rè; ~ (spicy) 辣 là

hot spring 温泉 wēn quán

hot water 热水 rè shuǐ

hotel 旅馆 lǚ guǎn

hour 小时 xiǎo shí

house 房子 fáng zi

household good 家用物品 jiā yòng

housekeeping services 客房清洁服务 kè fáng qīng jié fú wù

how 怎么 zěn me

how much 多少 duō shǎo

hug v 拥抱 yōng bào

hungry 饥饿 jī è

hurt 疼 téng

husband 丈夫 zhàng fu

I

ibuprofen 布洛芬 bù luò fēn

ice 冰 bīng

ice hockey 冰球 bīng qiú

icy 冰冷 bīng lěng

identification 证件 zhèng jiàn

ill 病 bìng

in 在 zài

include v 包括 bāo kuò

indoor pool 室内游泳池 shì nèi yóu yǒng chí

inexpensive 不贵 bú guì

infected 传染 chuán rǎn

information (phone) 留言 liú yán

information desk 问讯处 wèn xùn chù

insect bite 虫咬 chóng yǎo

insect repellent 杀虫剂 shā chóng jì

insert v (on an ATM) 插入 chā rù

insomnia 失眠 shī mián

instant message 即时讯息 jí shí xùn xī

insulin 胰岛素 yí dǎo sù

insurance 保险 bǎo xiǎn

insurance card 保险卡 bǎo xiǎn kǎ

insurance company 保险公司 bǎo xiǎn gōng sī

interesting 有趣 yǒu qù

international (airport area) 国际 guó jì

international flight 国际航班 guó jì hang bān

international student card 国际学生证 guó jì xué shēng zhèng

internet 互联网 hù lián wǎng

internet cafe 网吧 wǎng bā

internet service 互联网服务 hù lián wǎng fú wù

interpreter 口译员 kǒu yì yuán

intersection 十字路口 shí zì lù kǒu

intestine 肠子 cháng zǐ

introduce v 介绍 jiè shào

invoice 发货票 fā huò piào

Ireland 爱尔兰 ài ěr lán

Irish 爱尔兰人 ài ěr lán rén

iron v 熨衣服 yùn yī fu; ~ n 熨斗 yùn dǒu

J

jacket 夹克 jiá kè

jade 翡翠 fěi cuì

Japanese (restaurant) 日本 rì běn

jar 罐子 guàn zi

jaw 下颌 xià hé

jazz 爵士乐 jué shì yuè

jazz club 爵士乐俱乐部 jué shì yuè jù lè bù

jeans 牛仔裤 niú zǎi kù

jeweler 珠宝商 zhū bǎo shāng

jewelry 首饰 shǒu shì

join v 加入 jiā rù

joint (body part) 关节 guān jié

K

key 钥匙 yào shi
key card 钥匙卡 yào shi kǎ
key ring 钥匙圈 yào shi quān
kiddie pool 儿童游泳池 ér tóng yóu yǒng chí
kidney (body part) 肾脏 shèn zàng
kilogram 公斤 gōng jīn
kilometer 公里 gōng lǐ
kiss v 亲吻 qīn wěn
kitchen 厨房 chú fáng
kitchen foil [BE] 厨房锡纸 chú fáng xī zhǐ
knee 膝盖 xī gài
knife 刀子 dāo zi
kosher 犹太食品 yóu tài shí pǐn

L

lace 鞋带 xié dài
lacquerware 漆器 qī qì
lactose intolerant 乳糖过敏 rǔ táng guò mǐn
lake 湖 hú
large 大 dà
last 最后 zuì hòu
late (time) 晚了 wǎn le
later 以后 yǐ hòu
launderette [BE] 洗衣店 xǐ yī diàn
laundromat 洗衣店 xǐ yī diàn
laundry 要洗 yào xǐ
laundry facility 洗衣店设施 xǐ yī diàn shè shī
laundry service 洗衣服务 xǐ yī fú wù
lawyer 律师 lǜ shī

leather 皮革 pí gé
leave v 起飞 qǐ fēi
left (direction) 左边 zuǒ bian
leg 腿 tuǐ
lens 镜片 jìng piàn
less 较少 jiào shǎo
lesson 课程 kè chéng
letter 信件 xìn jiàn
library 图书馆 tú shū guǎn
life jacket 救生衣 jiù shēng yī
lifeguard 救生员 jiù shēng yuán
lift 搭车 dā chē; ~ **[BE]** 电梯 diàn tī
lift pass 缆车票 lǎn chē piào
light (overhead) 灯 dēng; ~ **(cigarette)** 点 diǎn
lightbulb 电灯泡 diàn dēng pào
lighter 打火机 dǎ huǒ jī
like v 喜欢 xǐ huan
line (train) 线 xiàn
linen 亚麻布 yà má bù
lip 嘴唇 zuǐ chún
liquor store 酒店 jiǔ diàn
liter 公升 gōng shēng
little 少许 shǎo xǔ
live v 居住 jū zhù
live music 现场音乐 xiàn chǎng yīn yuè
liver (body part) 肝脏 gān zàng
loafers 游荡者 yóu dàng zhě
local 当地 dāng dì
lock up 锁 suǒ
lock n 锁 suǒ
locker 衣物柜 yī wù guì
log on 登录 dēng lù
log off 退出 tuì chū
long 长 cháng
long sleeves 长袖子 cháng xiù zi
long-sighted [BE] 远视 yuǎn shì

look *v* 看 kàn
lose *v* (something) 丢失 diū shī
lost 失去 shī qù
lost and found 失物招领处 shī wù zhāo lǐng chù
lotion 化妆乳液 huà zhuāng rǔ yè
louder 大声 dà shēng
love 爱 ài
low 低 dī
luggage 行李 xíng li
luggage cart 行李推车 xíng li tuī chē
luggage locker 行李暂存箱 xíng li zàn cún xiāng
luggage ticket 行李票 xíng li piào
lunch 午餐 wǔ cān
lung 肺 fèi

M

magazine 杂志 zá zhì
magnificent 壮观 zhuàng guān
mail *v* 邮寄 yóu jì; ~ *n* 邮件 yóu jiàn
mailbox 邮箱 yóu xiāng
main attraction 主要景点 zhǔ yào jǐng diǎn
main course 主菜 zhǔ cài
make up *v* [BE] (a prescription) 配药方 pèi yào fāng
mall 购物中心 gòu wù zhōng xīn
man 男人 nán rén
manager 经理 jīng lǐ
manicure 修手指甲 xiū shǒu zhǐ jiǎ
manual car 手动汽车 shǒu dòng qì chē
map *n* 地图 dì tú
market 市场 shì chǎng
married 结婚 jié hūn

marry *v* 结婚 jié hūn
mass (church service) 礼拜 lǐ bài
massage 按摩 àn mó
match *n* 火柴 huǒ chái
meal 饭 fàn
measure *v* (someone) 测量 cè liáng
measuring cup 量杯 liáng bēi
measuring spoon 量匙 liáng chí
mechanic 技工 jì gōng
medicine 医药 yī yào
medium (size) 中等 zhōng děng
meet *v* (someone) 见面 jiàn miàn
meeting 会议 huì yì
meeting room 会议室 huì yì shì
membership card 会员证 huì yuán zhèng
memorial (place) 纪念馆 jì niàn guǎn
memory card 存储卡 cún chǔ kǎ
mend *v* 修理 xiū lǐ
menstrual cramp 经期腹痛 jīng qī fù tòng
menu 菜单 cài dān
message 信息 xìn xī
meter (parking) 计时器 jì shí qì
microwave 微波炉 wēi bō lú
midday [BE] 午间 wǔ jiān
midnight 午夜 wǔ yè
mileage 里程（数）lǐ chéng shù
mini-bar 小酒吧 xiǎo jiǔ bā
minute 分钟 fēn zhōng
missing 错过 cuò guò
mistake 差错 chā cuò
mobile phone [BE] 手机 shǒu jī
mobility 流动性 liú dòng xìng
monastery 修道院 xiū dào yuàn
money 钱 qián
month 月 yuè
mop 擦 cā

moped 电动自行车 diàn dòng zì xíng chē

more 更多 gèng duō

morning 早晨 zǎo chén

mosque 清真寺 qīng zhēn sì

mother 母亲 mǔ qīn

motion sickness 晕动病 yùn dòng bìng

motor boat 汽船 qì chuán

motorcycle 摩托车 mó tuō chē

motorway [BE] 高速公路 gāo sù gōng lù

mountain 山 shān

mountain bike 山地车 shān dì chē

mousse (hair) 摩丝 mó sī

mouth 嘴 zuǐ

movie 电影 diàn yǐng

movie theater 电影院 diàn yǐng yuàn

mug v 抢 qiǎng

multiple-trip (ticket) 不限使用次数的 bú xiàn shǐ yòng cì shù de

muscle 肌肉 jī ròu

museum 博物馆 bó wù guǎn

music 音乐 yīn yuè

music store 音乐商店 yīn yuè shāng diàn

nauseous 恶心 ě xīn

near 附近 fù jìn

near-sighted 近视 jìn shì

nearby 附近 fù jìn

neck 脖子 bó zǐ

necklace 项链 xiàng liàn

need v 需要 xū yào

newspaper 报纸 bào zhǐ

newsstand 报摊 bào tān

next 下一个 xià yí gè

nice 好 hǎo

night 夜 yè

nightclub 夜总会 yè zǒng huì

no 不 bú/bù

non-alcoholic 无酒精 wú jiǔ jīng

non-smoking 禁烟 jìn yān

noon 中午 zhōng wǔ

north 北部 běi bù

nose 鼻子 bí zi

notes [BE] 笔记 bǐ jì

nothing 没什么 méi shén me

notify v 通知 tōng zhī

novice (skill level) 新手 xīn shǒu

now 现在 xiàn zài

number 数字 shù zì

nurse 护士 hù shi

N

nail file 指甲锉 zhǐ jia cuò

nail salon 美甲沙龙 měi jia shā lóng

name 名字 míng zì

napkin 餐巾 cān jīn

nappy [BE] 尿布 niào bù

nationality 国籍 guó jí

nature preserve 自然保护区 zì rán bǎo hù qū

O

office 办公室 bàn gōng shì

office hours 办公时间 bàn gōng shí jiān

off-licence [BE] 酒店 jiǔ diàn

oil 油 yóu

OK 好 hǎo

old 老 lǎo

on the corner 在拐角处 zài guǎi jiǎo chù

once 一次 yí cì

one 一 yī

one-way (ticket) 单程 dān chéng

one-way street 单行道 dān xíng dào

only 只 zhǐ

open v 打开 dǎ kāi; ~ adj 开着 kāi zhe

opera 歌剧 gē jù

opera house 歌剧院 gē jù yuàn

opposite 相反 xiàng fǎn

optician 验光师 yàn guāng shī

orange (color) 橘子色 jú zi sè

orchestra 乐队 yuè duì

order v 点菜 diǎn cài

outdoor pool 室外游泳池 shì wài yóu yǒng chí

outside 外面 wài miàn

over the counter (medication) 非处方药 fēi chǔ fāng yào

overdone 过熟 guò shú

overlook (scenic place) 俯视 fǔ shì

overnight 隔夜 gé yè

oxygen treatment 氧气治疗 yǎng qì zhì liáo

P

p.m. 下午 xià wǔ

pacifier 橡皮奶嘴 xiàng pí nǎi zuǐ

pack v 打包 dǎ bāo

package 包裹 bāo guǒ

paddling pool [BE] 儿童游泳池 ér tóng yóu yǒng chí

pad [BE] 垫 diàn

pain 痛 tòng

pajamas 睡衣 shuì yī

palace 宫殿 gōng diàn

pants 裤子 kù zǐ

pantyhose 裤袜 kù wà

paper 纸 zhǐ

paper towel 纸巾 zhǐ jīn

paracetamol [BE] 泰诺 tài nuò

park v 停车 tíng chē; ~ n 公园 gōng yuán

parking garage 车库 chē kù

parking lot 停车场 tíng chē chǎng

parking meter 停车计时器 tíng chē jì shí qì

part (for car) 部件 bù jiàn

part-time 兼职 jiān zhí

passenger 乘客 chéng kè

passport 护照 hù zhào

passport control 护照管制 hù zhào guǎn zhì

password 密码 mì mǎ

pastry shop 点心店 diǎn xīn diàn

path 道路 dào lù

pay v 支付 zhī fù

pay phone 公用电话 gōng yòng diàn huà

peak (of a mountain) 山顶 shān dǐng

pearl 珍珠 zhēn zhū

pedestrian 行人 xíng rén

pediatrician 儿科医生 ér kē yī shēng

pedicure 修脚趾甲 xiū jiǎo zhǐ jiǎ

pen 笔 bǐ

penicillin 青霉素 qīng méi sù

penis 阴茎 yīn jīng

per 每 měi

per day 每天 měi tiān

per hour 每小时 měi xiǎo shí

per night 每晚 měi wǎn

per week 每星期 měi xīng qī

perfume 香水 xiāng shuǐ

period (menstrual) 月经 yuè jīng; ~(of time) 期间 qī jiān

permit v 允许 yǔn xǔ

petite 娇小 jiāo xiǎo

petrol [BE] 汽油 qì yóu

petrol station [BE] 加油站 jiā yóu zhàn

pharmacy 药房 yào fáng

phone v 打电话 dǎ diàn huà; ~ n 电话 diàn huà

phone call 电话 diàn huà

phone card 电话卡 dǎ diàn kǎ

phone number 电话号码 diàn huà hào mǎ

photo 相片 xiàng piàn

photocopy 复印件 fù yìn jiàn

photography 摄影 shè yǐng

pick up (something) 取 qǔ

picnic area 野餐区 yě cān qū

piece 片 piàn

pill (birth control) 计划生育药片 jì huà shēng yù yào piàn

pillow 枕头 zhěn tóu

personal identification number (PIN) 个人密码 gè rén mì mǎ

pink 粉红色 fěn hóng sè

piste [BE] 小道 xiǎo dào

piste map [BE] 小道路线图 xiǎo dào lù xiàn tú

pizzeria 比萨店 bǐ sà diàn

place v (a bet) 下 xià

plane 飞机 fēi jī

plastic wrap 塑料包装 sù liào bāo zhuāng

plate 盘子 pán zi

platform 站台 zhàn tái

platinum 铂金 bó jīn

play v 玩 wán; ~ n (theatre) 戏剧 xì jù

playground 操场 cāo chǎng

playpen 游戏围栏 yóu xì wéi lán

please 请 qǐng

pleasure 乐趣 lè qù

plunger 下水道疏通器 xià shuǐ dào shū tōng qì

plus size 加大号 jiā dà hào

pocket 口袋 kǒu dài

poison 毒药 dú yào

poles (skiing) 滑雪杆 huá xuě gǎn

police 警察 jǐng chá

police report 警察报告 jǐng chá bào gào

police station 警察局 jǐng chá jú

pond 池塘 chí táng

pool 水池 shuǐ chí

pop music 流行音乐 liú xíng yīn yuè

portion 部分 bù fen

post [BE] 邮件 yóu jiàn

post office 邮局 yóu jú

postbox [BE] 邮箱 yóu xiāng

postcard 明信片 míng xìn piàn

pot 罐 guàn

pottery 陶器 táo qì

pound (weight) 磅 bàng; ~ (British sterling) 英镑 yīng bàng

pregnant 怀孕 huái yùn

prescribe v 开处方 kāi chǔ fāng

prescription 处方药 chǔ fāng yào

press v (clothing) 熨 yùn

price 价格 jià gé

print v 打印 dǎ yìn

problem 问题 wèn tí

produce 农产品 nóng chǎn pǐn

produce store 农产品商店 nóng chǎn pǐn shāng diàn

prohibit v 禁止　jìn zhǐ
pronounce v 发音　fā yīn
public 公共　gōng gòng
pull v 拉　lā
purple 紫色　zǐ sè
purse 提包　tí bāo
push v 按　àn
pushchair [BE] 婴儿车　yīng ér chē

Q

quality 质量　zhì liàng
question 问题　wèn tí
quiet 安静　ān jìng

R

racetrack 跑马场　pǎo mǎ chǎng
racket (sports) 球拍　qiú pāi
railway station [BE] 火车　huǒ chē
rain n 雨　yǔ
raincoat 雨衣　yǔ yī
rainforest 雨林　yǔ lín
rainy 多雨　duō yǔ
rap (music) 说唱乐　shuō chàng yuè
rape 强奸　qiáng jiān
rare (object) 罕见　hǎn jiàn
rash 皮疹　pí zhěn
ravine 峡谷　xiá gǔ
razor blade 剃须刀　tì xū dāo
reach v 够　gòu
ready 准备好　zhǔn bèi hǎo
real 真正　zhēn zhèng
receipt 收据　shōu jù
receive v 接受　jiē shòu
reception 招待会　zhāo dài huì

recharge v 充电　chōng diàn
recommend v 推荐　tuī jiàn
recommendation 推荐　tuī jiàn
recycling 回收　huí shōu
red 红色　hóng sè
refrigerator 冰箱　bīng xiāng
region 区域　qū yù
registered mail 挂号信　guà hào xìn
regular 普通　pǔ tōng
relationship 关系　guān xì
Ren Min Bi 人民币　rén mín bì
rent v 租　zū
rental car 出租车　chū zū chē
repair v 修理　xiū lǐ
repeat v 重复　chóng fù
reservation 预定　yù dìng
reservation desk 服务台　fú wù tái
reserve v 预定　yù dìng
restaurant 餐馆　cān guǎn
restroom (formal/informal) 洗手间/厕所　xǐ shǒu jiān/cè suǒ
retired 退休　tuì xiū
return v 归还　guī huán; ~ n [BE] 返还　fǎn huán
reverse v (the charges) [BE] 对方付费电话　duì fāng fù fèi diàn huà
rib (body part) 肋骨　lèi gǔ
rice cooker 电饭锅　diàn fàn guō
right of way 路权　lù quán
ring 戒指　jiè zhi
river 河　hé
road map 路线图　lù xiàn tú
roast v 烤　kǎo
rob v 抢夺　qiǎng duó
robbed 被抢了　bèi qiǎng le
romantic 浪漫　làng màn
room 房间　fáng jiān
room key 房间钥匙　fáng jiān yào shi

room service 客房送餐服务 kè fáng sòng cān fú wù

round-trip 双程 shuāng chéng

route 路线 lù xiàn

rowboat 划艇 huá tǐng

rubbish [BE] 垃圾 lā jī

rubbish bag [BE] 垃圾袋 lā jī dài

ruins 废墟 fèi xū

rush 赶时间 gǎn shí jiān

S

sad 伤心 shāng xīn

safe (thing) 保险柜 bǎo xiǎn guì; **~ (protected)** 安全 ān quán

sales tax 销售税 xiāo shòu shuì

sandals 凉鞋 liáng xié

sanitary napkin 卫生棉 wèi shēng mián

saucepan 平底锅 píng dǐ guō

sauna 蒸汽浴 zhēng qì yù

save v **(on a computer)** 保存 bǎo cún

savings (account) 储蓄 chǔ xù

scanner 扫描器 sǎo miáo qì

scarf 围巾 wéi jīn

schedule v 预定日程 yù dìng rì chéng; **~** n 日程表 rì chéng biǎo

school 学校 xué xiào

science 科学 kē xué

scissors 剪刀 jiǎn dāo

sea 海 hǎi

seat 座位 zuò wèi

security 安检 ān jiǎn

see v 看见 kàn jiàn

self-service 自助 zì zhù

sell v 卖 mài

seminar 研讨会 yán tǎo huì

send v 送 sòng

senior citizen 老年人 lǎo nián rén

separated (marriage) 分居 fēn jū

serious 严肃 yán sù

service (in a restaurant) 服务 fú wù

sexually transmitted disease (STD) 性传播疾病 xìng chuán bō jí bìng

shampoo 香波 xiāng bō

sharp 锋利 fēng lì

shaving cream 剃须膏 tì xū gāo

sheet 床单 chuáng dān

ship v **(mail)** 送 sòng

shirt 衬衫 chèn shān

shoe store 鞋店 xié diàn

shoes 鞋子 xié zi

shop v 购物 gòu wù

shopping 购物 gòu wù

shopping area 购物区 gòu wù qū

shopping centre [BE] 购物中心 gòu wù zhōng xīn

shopping mall 商城 shāng chéng

short 短小 duǎn xiǎo

short sleeves 短袖 duǎn xiù

shorts 短裤 duǎn kù

short-sighted [BE] 近视 jìn shì

shoulder 肩膀 jiān bǎng

show v 显示 xiǎn shì

shower 淋浴 lín yù

shrine 寺庙 sì miào

sick 病了 bìng le

side dish 配菜 pèi cài

side effect 副作用 fù zuò yòng

sightseeing 观光 guān guāng

sightseeing tour 观光旅游 guān guāng lǚ yóu

sign v 签字 qiān zì

silk 丝绸 sī chóu

silver 银 yín

single (unmarried) 单身 dān shēn

single bed 单人床 dān rén chuáng

single room 单人房间 dān rén fáng jiān

sink 水槽 shuǐ cáo

sister 姐妹 jiě mèi

sit v 坐下 zuò xià

size 尺寸 chǐ cùn

skin 皮肤 pí fū

skirt 裙子 qún zǐ

ski 滑雪 huá xuě

ski lift 滑雪缆车 huá xuě lǎn chē

sleep v 睡觉 shuì jiào

sleeper car 卧铺车 wò pù chē

sleeping bag 睡袋 shuì dài

sleeping car [BE] 卧铺车 wò pù chē

slice (of something) 切片 qiē piàn

slippers 拖鞋 tuō xié

slower 更慢 gèng màn

slowly 慢慢地 màn màn de

small 小 xiǎo

smaller 更小 gèng xiǎo

smoke v 吸烟 xī yān

smoking (area) 吸烟区 xī yān qū

snack bar 小吃店 xiǎo chī diàn

sneaker 运动鞋 yùn dòng xié

snorkeling equipment 水下呼吸设备 shuǐ xià hū xī shè bèi

snowboard 滑雪板 huá xuě bǎn

snowshoe 雪靴 xuě xuē

snowy 多雪 duō xuě

soap 肥皂 féi zào

soccer 足球 zú qiú

sock 袜子 wà zi

soother [BE] 橡皮奶嘴 xiàng pí nǎi zuǐ

sore throat 喉咙痛 hóu lóng tòng

sorry 抱歉 bào qiàn

south 南 nán

souvenir 纪念品 jì niàn pǐn

souvenir store 纪念品商店 jì niàn pǐn shāng diàn

spa 温泉 wēn quán

spatula 小铲子 xiǎo chǎn zi

speak v 讲话 jiǎng huà

specialist (doctor) 专家 zhuān jiā

specimen 标本 biāo běn

speeding 超速开车 chāo sù kāi chē

spell v 拼写 pīn xiě

spicy 辣 là

spine (body part) 脊椎 jǐ zhuī

spoon 勺子 sháo zi

sports 体育 tǐ yù

sporting goods store 体育用品商店 tǐ yù yòng pǐn shāng diàn

sports massage 体育按摩 tǐ yù àn mó

sprain 扭伤 niǔ shāng

stadium 体育场 tǐ yù chǎng

stairs 台阶 tái jiē

stamp v (a ticket) 盖印 gài yìn; ~ n (postage) 邮票 yóu piào

start v 开始 kāi shǐ

starter [BE] 开胃菜 kāi wèi cài

station 站 zhàn

statue 雕像 diāo xiàng

stay v 住在 zhù zài

steal v 偷 tōu

steamer 蒸锅 zhēng guō

steep 陡峭 dǒu qiào

sterling silver 纯银 chún yín

sting n 蜇 zhē

stolen 被偷了 bèi tōu le

stomach 胃 wèi

stomachache 胃疼 wèi téng

stop v 住手 zhù shǒu; ~ n 站 zhàn

store directory 商店目录 shāng diàn mù lù

storey [BE] 楼层 lóu céng

stove 炉子 lú zi

straight 直 zhí

strange 奇怪 qí guài

stream 小溪 xiǎo xī

stroller 婴儿推车 yīng ér tuī chē

student 学生 xué shēng

study v 学习 xué xí

stunning 震惊 zhèn jīng

subtitle 副标题 fù biāo tí

subway 地铁 dì tiě

subway station 地铁站 dì tiě zhàn

suit 西服套装 xī fú tào zhuāng

suitcase 手提箱 shǒu tí xiāng

sun 太阳 tài yáng

sunblock 防晒霜 fáng shài shuāng

sunburn 晒伤 shài shāng

sunglasses 太阳镜 tài yáng jìng

sunny 晴朗 qíng lǎng

sunscreen 防晒霜 fáng shài shuāng

sunstroke 中暑 zhòng shǔ

super (fuel) 超级 chāo jí

supermarket 超级市场 chāo jí shì chǎng

supervision 监督 jiān dū

surfboard 冲浪板 chōng làng bǎn

swallow v 吞下 tūn xià

sweater 毛衣 máo yī

sweatshirt 运动衫 yùn dòng shān

sweet (taste) 甜 tián

sweets [BE] 甜点 tián diǎn

swelling 肿胀 zhǒng zhàng

swim v 游泳 yóu yǒng

swimsuit 游泳衣 yóu yǒng yī

symbol (keyboard) 标志 biāo zhì

synagogue 犹太教堂 yóu tài jiào táng

T

table 桌子 zhuō zǐ

tablet (medicine) 片剂 piàn jì

take v 吃药 chī yào

take away [BE] 拿走 ná zǒu

tampon 月经栓 yuè jīng shuān

taste v 尝尝 cháng chang

taxi 出租车 chū zū chē

team 队 duì

teahouse 茶馆 chá guǎn

teaspoon 茶匙 chá chí

telephone 电话 diàn huà

temple (religious) 寺庙 sì miào

temporary 临时 lín shí

tennis 网球 wǎng qiú

tent 帐篷 zhàng péng

tent peg 帐篷桩 zhàng péng zhuāng

tent pole 帐篷杆 zhàng péng gǎn

terminal (airport) 候机厅 hòu jī tīng

terracotta 赤土陶 chì tǔ táo

terrible 可怕 kě pà

text v (send a message) 发短信 fā duǎn xìn; ~ n (message) 文字 wén zì

thank v 感谢 gǎn xiè

thank you 谢谢 xiè xie

that 那 nà

theater 剧院 jù yuàn

theft 偷窃 tōu qiè

there 那里 nà li

thief 小偷 xiǎo tōu

thigh 大腿 dà tuǐ

thirsty 渴 kě

this 这 zhè

throat 喉咙 hóu lóng

thunderstorm 雷雨 léi yǔ

ticket 票 piào

ticket office 售票处 shòu piào chù

tie (clothing) 领带 lǐng dài

tights [BE] 裤袜 kù wà

time 时间 shí jiān

timetable [BE] 时间表 shí jiān biǎo

tire 轮胎 lún tāi

tired 累了 lèi le

tissue 面巾纸 miàn jīn zhǐ

to go 拿走 ná zǒu

tobacconist 烟草零售商 yān cǎo líng shòu shāng

today 今天 jīn tiān

toe 脚趾 jiǎo zhǐ

toenail 趾甲 zhǐ jiǎ

toilet [BE] (formal/informal) 洗手间/厕所 xǐ shǒu jiān/cè suǒ

toilet paper 卫生纸 wèi shēng zhǐ

tomorrow 明天 míng tiān

tongue 舌头 shé tóu

tonight 今晚 jīn wǎn

too 太 tài

tooth 牙 yá

toothpaste 牙膏 yá gāo

total (amount) 共计 gòng jì

tough (food) 硬 yìng

tourist 游人 yóu rén

tourist information office 旅游信息办公室 lǚ yóu xìn xī bàn gōng shì

tour 游览 yóu lǎn

tow truck 拖车 tuō chē

towel 毛巾 máo jīn

tower 塔 tǎ

town 镇 zhèn

town hall 市政厅 shì zhèng tīng

town map 市区地图 shì qū dì tú

town square 市中心广场 shì zhōng xīn guǎng chǎng

toy 玩具 wán jù

toy store 玩具店 wán jù diàn

track (train) 铁轨 tiě guǐ

traditional 传统 chuán tǒng

traffic light 红绿灯 hóng lǜ dēng

trail 山路小径 shān lù xiǎo jìng

trail map 山路图 shān lù tú

train 火车 huǒ chē

train station 火车站 huǒ chē zhàn

transfer v (change trains/flights) 转 zhuǎn; ~ v (money) 转账 zhuǎn zhàng

translate v 翻译 fān yì

trash 垃圾 lā jī

travel agency 旅行社 lǚ xíng shè

travel sickness 晕动病 yūn dòng bìng

traveler's check 旅行支票 lǚ xíng zhī piào

traveller's cheque [BE] 旅行支票 lǚ xíng zhī piào

tree 树 shù

trim (hair cut) 剪 jiǎn

trip 旅程 lǚ chéng

trolley [BE] 电车 diàn chē

trousers [BE] 长裤 cháng kù

T-shirt T恤衫 T xù shān

turn off (lights) 关 guān

turn on (lights) 开 kāi

TV 电视 diàn shì

type v 打字 dǎ zì

tyre [BE] 轮胎 lún tāi

U

United Kingdom (U.K.) 英国 yīng guó
United States (U.S.) 美国 měi guó
ugly 难看 nán kàn
umbrella 伞 sǎn
unattended 无人看管 wú rén kān guǎn
unconscious 没有知觉 méi yǒu zhī jué
underground [BE] 地下 dì xià
underground station [BE] 地铁站 dì tiě zhàn
underpants [BE] 内裤 nèi kù
understand v 理解 lǐ jiě
underwear 内衣 nèi yī
unemployed 失业者 shī yè zhě
university 大学 dà xué
unleaded (gas) 无铅 wú qiān
upper 上部 shàng bù
upset stomach 肠胃不适 cháng wèi bú shì
urgent 迫切 pò qiè
urine 尿 niào
use v 使用 shǐ yòng
username 用户名 yòng hù míng
utensil 器皿 qì mǐn

V

vacancy 有空房 yǒu kōng fáng
vacation 休假 xiū jià
vaccination 接种 jiē zhòng
vacuum cleaner 吸尘器 xī chén qì
vagina 阴道 yīn dào
vaginal infection 阴道传染 yīn dào chuán rǎn

valid 合法 hé fǎ
valley 河谷 hé gǔ
valuable 贵重的 guì zhòng de
value 价值 jià zhí
vegetarian 素食者 sù shí zhě
vehicle registration 车辆注册 chē liàng zhù cè
viewpoint [BE] 观点 guān diǎn
village 村庄 cūn zhuāng
vineyard 葡萄园 pú táo yuán
visa 签证 qiān zhèng
visit v 参观 cān guān
visiting hours 探病时间 tàn bìng shí jiān
visually impaired 弱视者 ruò shì zhě
vitamin 维生素 wéi shēng sù
V-neck V领 V lǐng
volleyball game 排球赛 pái qiú sài
vomit v 呕吐 ǒu tù

W

wait v 等待 děng dài; ~ n 等候时间 děng hòu shí jiān
waiter 服务员 fú wù yuán
waiting room 候诊室 hòu zhěn shì
waitress 女服务员 nǚ fú wù yuán
wake v 醒 xǐng
wake-up call 叫醒服务 jiào xǐng fú wù
walk v 走 zǒu; ~ n 步行 bù xíng
walking route 步行路线 bù xíng lù xiàn
wall clock 挂钟 guà zhōng
wallet 钱包 qián bāo

war memorial 战争纪念馆 zhàn zhēng jì niàn guǎn

warm v (something) 温暖 wēn nuǎn; ~ adj (temperature) 暖和 nuǎn huo

washing machine 洗衣机 xǐ yī jī

watch 手表 shǒu biǎo

water skis 滑水板 huá shuǐ bǎn

waterfall 瀑布 pù bù

weather 天气 tiān qì

week 星期 xīng qī

weekend 周末 zhōu mò

weekly 每周 měi zhōu

welcome v 欢迎 huān yíng

well-rested 休息得很好 xiū xī dé hěn hǎo

west 西部 xī bù

what 什么 shén me

wheelchair 轮椅 lún yǐ

wheelchair ramp 轮椅道 lún yǐ dào

when 什么时候 shén me shí hòu

where 哪里 nǎ li

white 白色 bái sè

who 谁 shuí/shéi

widowed 寡居 guǎ jū

wife 妻子 qī zi

window 窗 chuāng

window case 橱窗 chú chuāng

wine list 酒类表 jiǔ lèi biǎo

wireless internet 无线互联网 wú xiàn hù lián wǎng

wireless internet service 无线互联网服务 wú xiàn hù lián wǎng fú wù

wireless phone 手机 shǒu jī

with 跟 gēn

withdraw v 退出 tuì chū

withdrawal (bank) 取钱 qǔ qián

without 没有 méi yǒu

wok 炒锅 chǎo guō

woman 妇女 fù nǚ

wool 羊毛 yáng máo

work v 工作 gōng zuò

wrap v (a package) 包 bāo

wrist 手腕 shǒu wàn

write v 写 xiě

Y

year 年 nián

yellow 黄色 huáng sè

yes 是 shì

yesterday 昨天 zuó tiān

young 年轻 nián qīng

you're welcome 没关系 méi guān xi

youth hostel 青年旅舍 qīng nián lǚ shè

yuan 元 yuán

Z

zoo 动物园 dòng wù yuán

Chinese-English Dictionary

A

ā sī pǐ lín 阿斯匹林 aspirin
ài 爱 love
ài ěr lán 爱尔兰 Ireland
ài ěr lán rén 爱尔兰人 Irish
ài zī bìng 爱滋病 AIDS
ān jiǎn 安检 security
ān jìng 安静 quiet
ān quán 安全 safe (protected)
àn 按 v push
àn mó 按摩 massage
āng zāng 肮脏 dirty
áng guì 昂贵 expensive
ào dà lì yà rén 澳大利亚人 Australian

B

bā léi 芭蕾 ballet
bá 拔 v extract (tooth)
bái sè 白色 white
bǎi huò shāng diàn 百货商店 department store
bàn 半 half
bàn gōng jīn 半公斤 half-kilo
bàn gōng shì 办公室 office
bàn gōng shí jiān 办公时间 office hours
bàn lǐ dēng jī shǒu xù 办理登机手续 check-in (airport)
bàn rù zhù 办入住 check-in (hotel)

bàn xiǎo shí 半小时 half hour
bāng zhù 帮助 help
bàng 磅 pound (weight)
bàng qiú 棒球 baseball
bāo 包 v wrap (a package)
bāo guǒ 包裹 package
bāo kuò 包括 v include
bǎo xiān mó 保鲜膜 plastic wrap [cling film BE]
bǎo xiǎn 保险 insurance
bǎo xiǎn gōng sī 保险公司 insurance company
bǎo xiǎn guì 保险柜 safe (thing)
bǎo xiǎn kǎ 保险卡 insurance card
bǎo cún 保存 v save (on a computer)
bǎo mǔ 保姆 babysitter
bào guāng 曝光 exposure (film)
bào qiàn 抱歉 sorry
bào tān 报摊 newsstand
bào zhǐ 报纸 newspaper
bēi bāo 背包 backpack
bēi zi 子 cup
běi bù 北部 north
bèi bù 背部 back (body part)
bèi qiǎng le 被抢了 robbed
bèi tōu le 被偷了 stolen
bēng dài 绷带 bandage
bí zi 鼻子 nose
bǐ 笔 pen
bǐ jī ní yǒng zhuāng 比基尼泳装 bikini
bǐ jì 笔记 bill [note BE]
bǐ sà diàn 比萨店 pizzeria
bì yùn tào 避孕套 condom
biàn gēng lù xiàn 变更路线 alternate route
biàn mì 便秘 constipated

biàn yā qì 变压器 adapter

biāo běn 标本 specimen

biāo zhì 标志 symbol (keyboard)

biǎo gé 表格 form (fill-in)

bié zhēn 别针 brooch

bīng 冰 ice

bīng lěng 冰冷 icy

bīng qiú 冰球 ice hockey

bīng xiāng 冰箱 refrigerator

bìng 病 sick [ill BE]

bō hào 拨号 v dial

bō li 玻璃 glass (material)

bō li bēi 玻璃 glass (drinking)

bō li tiáo liào píng 玻璃调料瓶 carafe

bó jīn 铂金 platinum

bó wù guǎn 博物馆 museum

bó zǐ 脖子 neck

bú / bù 不 no

bú guì 不贵 inexpensive

bú xiàn shǐ yòng cì shù de 不限使用次数的 multiple-trip (ticket)

bǔ yǎng 哺养 v feed

bù fen 部分 portion

bù jiàn 部件 part (for car)

bù luò fēn 布洛芬 ibuprofen

bù xíng 步行 n walk

bù xíng lù xiàn 步行路线 walking route

C

cā 擦 mop

cài dān 菜单 menu

cān guān 参观 v visit

cān guǎn 餐馆 restaurant

cān jīn 餐巾 napkin

cán jí 残疾 handicapped [disabled BE]

cán jí rén tōng dào 残疾人通道 handicapped- [disabled- BE] accessible

cāng cāng 舱 class

cāo chǎng 操场 playground

CD CD CD

cè liáng 测量 v measure (someone)

chā cuò 差错 mistake

chā rù 插入 v insert (on an ATM)

chā zi 叉子 fork

chá chí 茶匙 teaspoon

chá guǎn 茶馆 teahouse

chái yóu 柴油 diesel

cháng 长 long

cháng chang 尝尝 v taste

cháng kù 长裤 pants [trousers BE]

cháng wèi bú shì 肠胃不适 upset stomach

cháng xiù zi 长袖子 long sleeves

cháng zi 肠子 intestine

chāo guò 超过 excess

chāo jí 超级 super (fuel)

chāo jí shì chǎng 超级市场 supermarket

chāo sù kāi chē 超速开车 speeding

chǎo guō 炒锅 wok

chē kù 车库 garage

chē liàng zhù cè 车辆注册 vehicle registration

chén liè chú 陈列橱 display case

chèn shān 衬衫 shirt

chéng bǎo 城堡 castle

chéng kè 乘客 passenger

chī 吃 v eat

chī yào 吃药 v take medicine

chí táng 池塘 pond

chǐ cùn 尺寸 size
chì tǔ táo 赤土陶 terracotta
chōng diàn 充电 *v* recharge
chōng làng bǎn 冲浪板 surfboard
chōng xuè 充血 congestion
chóng fù 重复 *v* repeat
chóng yǎo 虫咬 insect bite
chóng zi 虫子 bug
chū gù zhàng 出故障 breakdown
chū kǒu 出口 *n* exit
chū nà yuán 出纳员 cashier
chū qù 出去 *v* exit
chū xí 出席 *v* attend
chū xué zhě 初学者 beginner (skill level)
chū zū chē 出租车 rental car, taxi
chū zū qì chē 出租汽车 car rental [hire BE]
chú chuāng 橱窗 window case
chú fáng 厨房 kitchen
chú fáng xī zhǐ 厨房锡纸 aluminum [kitchen BE] foil
chǔ fāng yào 处方药 prescription
chǔ xù 储蓄 savings (account)
chuán rǎn 传染 infected
chuán rǎn de 传染的 contagious
chuán sòng dài 传送带 conveyor belt
chuán tǒng 传统 traditional
chuán zhēn 传真 *n* fax
chuán zhēn hào 传真号 fax number
chuāng 窗 window
chuáng 床 bed
chuáng dān 床单 sheet
chuǎng rù 闯入 break-in (burglary)
chuī fēng jī 吹风机 hair dryer
chuí zi 锤子 hammer

chún yín 纯银 sterling silver
cí qì 瓷器 china
cūn zhuāng 村庄 village
cún chǔ kǎ 存储卡 memory card
cún qián 存钱 *v* deposit
cuò guò 错过 missing

D

dā chē 搭车 *v* hitchhike
dǎ diàn hào mǎ 电话号码 phone number
dǎ bāo 打包 *v* pack
dǎ diàn huà 打电话 *v* call
dǎ huǒ jī 打火机 lighter
dǎ kāi 打开 *v* open
dǎ rǎo 打扰 *v* bother
dǎ yìn 打印 *v* print
dǎ zì 打字 *v* type
dà 大 big
dà jiào táng 大教堂 cathedral
dà shà 大厦 building
dà tuǐ 大腿 thigh
dà xué 大学 university
dài bàn chù 代办处 agency
dài lái 带来 *v* bring
dài zǎo cān de lǚ diàn 带早餐的旅店 bed and breakfast
dài zǐ 袋子 bag
dān chéng 单程 one-way (ticket)
dān dú 单独 alone
dān rén chuáng 单人床 single bed
dān rén fáng jiān 单人房间 single room
dān shēn 单身 single (unmarried)
dān xíng dào 单行道 one-way street
dāng dì 当地 local

dāo zi 刀子 knife
dǎo máng quǎn 导盲犬 guide dog
dào dá 到达 *v* arrive
dào kōng 倒空 *v* empty
dào lù 道路 path
dēng 灯 light (overhead)
dēng jī 登机 *v* board
dēng jī mén 登机门 gate (airport)
dēng jī pái 登机牌 boarding pass
dēng lù 登录 log on
děng dài 等待 *v* wait
děng hòu shí jiān 等候时间 *n* wait
dī 滴 drop (medicine)
dī 低 low
dǐ dá 抵达 arrivals (airport)
dì bǎn 地板 floor
dì tiě 地铁 subway [underground BE]
dì tiě zhàn 地铁站 subway
    [underground BE] station
dì tú 地图 *n* map
dì zhǐ 地址 address
dié zi 碟子 dish (kitchen)
diān xián 癫痫 epileptic
diǎn 点 light (cigarette)
diǎn cài 点菜 *v* order
diǎn xīn diàn 点心店 pastry shop
diàn 垫 sanitary napkin [pad BE]
diàn chā zuò 电插座 electric outlet
diàn chē 电车 trolley
diàn chí 电池 battery
diàn dēng pào 电灯泡 lightbulb
diàn dòng zì xíng chē 电动自行车
    moped
diàn fàn guō 电饭锅 rice cooker
diàn huà 电话 telephone, phone call
diàn huà hào mǎ 电话号码 phone
diàn huà kǎ 电话卡 phone card
diàn shàn 电扇 fan (appliance)

diàn shì 电视 TV
diàn tī 电梯 elevator [lift BE]
diàn yǐng 电影 movie
diàn yǐng yuàn 电影院 movie
    theater
diàn yóu dì zhǐ 电邮地址 e-mail
    address
diàn zǐ piào 电子票 e-ticket
diàn zǐ yóu jiàn 电子邮件 *n* e-mail
diāo kè 雕刻 *v* engrave
diāo xiàng 雕像 statue
diū shī 丢失 *v* lose (something)
dōng bù 东部 east
dòng 洞 cave
dòng mài 动脉 artery
dòng wù 动物 animal
dòng wù yuán 动物园 zoo
dǒu qiào 陡峭 steep
dòu rén xǐ ài 逗人喜爱 cute
dú yào 毒药 poison
dǔ bó yú lè chǎng 赌博娱乐场
    casino
dù 度 degrees (temperature)
duǎn kù 短裤 shorts
duǎn xiǎo 短小 short
duǎn xiù 短袖 short sleeves
duàn 断 *v* break (tooth)
duàn kāi 断开 disconnect (computer)
duì 队 team
duì fāng fù fèi diàn huà 对方付费
    电话 *v* call collect [reverse (the
    charges) BE]
duì huàn 兑换 *v* exchange (money)
duì huàn lǜ 兑换率 exchange rate
duì xiàn jīn 兑现金 *v* cash
dùn 炖 stewed
duō shǎo 多少 how much
duō xuě 多雪 snowy

duō yǔ 多雨 rainy

DVD DVD DVD

E

é wài 额外 extra

ě xin 恶心 nauseous

ér kē yī shēng 儿科医生 pediatrician

ér tóng cài dān 儿童菜单 children's menu

ér tóng fàn liàng 儿童饭量 children's portion

ér tóng yóu yǒng chí 儿童游泳池 kiddie [paddling BE] pool

ér tóng zuò wèi 儿童座位 child's seat

ěr duo 耳朵 ear

ěr duo téng 耳朵疼 earache

ěr huán 耳环 earrings

ěr jī 耳机 headphones

F

fā chuán zhēn 发传真 v fax

fā diàn yóu 发电邮 v e-mail

fā duǎn xìn 发短信 v text (send a message)

fā huò piào 发货票 invoice

fā shāo 发烧 fever

fā yīn 发音 v pronounce

fá kuǎn 罚款 fine (fee)

fà jiāo 发胶 gel (hair)

fà láng 珐琅 enamel (jewelry)

fà láng 发廊 hair salon

fà xíng 发型 hairstyle

fà xíng shī 发型师 hairstylist

fān yì 译 v translate

fǎn huán 返还 round-trip [return BE]

fàn 饭 meal

fàn tīng 饭厅 dining room

fāng xiàng 方向 direction

fāng xiāng liáo fǎ 芳香疗法 aromatherapy

fáng huǒ mén 防火门 fire door

fáng jiān 房间 room

fáng jiān yào shi 房间钥匙 room key

fáng shài shuāng 防晒霜 sunblock

fáng zi 房子 house

fēi chǔ fāng yào 非处方药 over the counter [unbranded BE] (medication)

fēi jī 飞机 airplane

fēi jī chǎng 飞机场 airport

féi zào 肥皂 soap

fēi cuì 翡翠 jade

fèi 肺 lung

fèi xū 废墟 ruins

fèi yòng 费用 fee

fēn jī 分机 extension (phone)

fēn jū 分居 separated (marriage)

fēn zhōng 分钟 minute

fēn hóng sè 粉红色 pink

fēng lì 锋利 sharp

fú wù 服务 service (in a restaurant)

fú wù tái 服务台 reservation desk

fú wù yuán 服务员 waiter

fú zhuāng diàn 服装店 clothing store

fǔ shì 俯视 overlook (scenic place)

fù biāo tí 副标题 subtitle

fù chǎn kē yī shī 妇产科医师 gynecologist

fù jiā fèi 附加费 cover charge

fù jìn 附近 near

fù nǚ 妇女 woman
fù qīn 父亲 father
fù xiè 腹泻 diarrhea
fù yìn jiàn 复印件 photocopy
fù zuò yòng 副作用 side effect

G

gǎi 改 *v* alter (clothing)
gài yìn 盖印 *v* stamp (a ticket)
gān jìng 干净 *adj* clean
gān xǐ diàn 干洗店 dry cleaner
gān zàng 肝脏 liver (body part)
gǎn mào 感冒 cold (sickness)
gǎn shí jiān 赶时间 rush
gǎn xiè 感谢 *v* thank
gāo 高 high
gāo ěr fū qiú bǐ sài 高尔夫球比赛 golf tournament
gāo ěr fū qiú chǎng 高尔夫球场 golf course
gāo jiǎo yǐ 高脚椅 highchair
gāo sù gōng lù 高速公路 highway [motorway BE]
gē bo 胳膊 arm
gē jù 歌剧 opera
gē jù yuàn 歌剧院 opera house
gé yè 隔夜 overnight
gè rén mì mǎ 个人密码 personal identification number (PIN)
gěi 给 *v* give
gēn 跟 with
gèng dī 更低 lower
gèng duō 更多 more
gèng hǎo 更好 better
gèng kuài 更快 faster
gèng màn 更慢 slower

gèng pián yi 更便宜 cheaper
gèng xiǎo 更小 smaller
gèng zǎo 更早 earlier
gōng diàn 宫殿 palace
gōng gòng 公共 public
gōng gòng qì chē 公共汽车 bus
gōng gòng qì chē piào 公共汽车票 bus ticket
gōng gòng qì chē yóu lǎn 公共汽车游览 bus tour
gōng gòng qì chē zhàn 公共汽车站 bus station, bus stop
gōng jī 攻击 attack (on person)
gōng jīn 公斤 kilo(gram)
gōng lǐ 公里 kilometer
gōng shēng 公升 liter
gōng yòng diàn huà 公用电话 pay phone
gōng yù 公寓 apartment
gōng yuán 公园 *n* park
gōng zuò 工作 *v* work
gǒng láng ér tóng yóu xì chǎng 拱廊儿童游戏场 arcade
gòng jì 共计 total (amount)
gòu 够 *v* reach
gòu wù 购物 shop
gòu wù lán zi 购物篮子 basket (grocery store)
gòu wù qū 购物区 shopping area
gòu wù zhōng xīn 购物中心 shopping mall [centre BE]
gǔ diǎn yīn yuè 古典音乐 classical music
gǔ dǒng diàn 古店 antiques store
gǔ tou 骨头 bone
gù dìng jià gé cài dān 价格固定的菜单 fixed-price menu
gù wèn 顾问 consultant

gù yòng 雇用 v rent [hire BE]

guǎ jū 寡居 widowed

guà hào xìn 挂号信 registered mail

guà zhōng 挂钟 wall clock

guǎi jiǎo chù 拐角处 around (the corner)

guān 关 turn off (lights)

guān bì 关闭 closed

guān diǎn 观点 overlook [viewpoint BE]

guān guāng 观光 sightseeing

guān guāng lǚ yóu 观光旅游 sightseeing tour

guān jié 关节 joint (body part)

guān jié yán 关节炎 arthritis

guān mén 关门 v close (a shop)

guān shuì 关税 duty (tax)

guān xì 关系 relationship

guàn 罐 pot

guàn zhuāng shí pǐn 罐装食品 canned good

guàn zi 罐子 jar

guī huán 归还 v return

guì zhòng de 贵重的 valuable

guó jí 国籍 nationality

guó jì 国际 international (airport area)

guó jì háng bān 国际航班 international flight

guó jì xué shēng zhèng 国际学生证 international student card

guó jiā dài hào 国家代号 country code

guó nèi 国内 domestic

guó nèi háng bān 国内航班 domestic flight

guò dào 过道 aisle

guò mǐn 过敏 allergic

guò mǐn fǎn yìng 过敏反应 allergic reaction

guò shú 过熟 overdone

H

hǎi 海 sea

hǎi guān 海关 customs

hǎi tān 海滩 beach

hái zi 孩子 child

hǎn jiàn 罕见 rare (object)

háng bān 航班 flight

háng kōng gōng sī 航空公司 airline

háng kōng xìn 航空信 airmail

hǎo 好 good, rice, OK

hē 喝 v drink

hé 河 river

hé fǎ 合法 valid

hé gǔ 河谷 valley

hè sè 褐色 brown

hēi àn 黑暗 dark

hēi sè 黑色 black

hóng lǜ dēng 红绿灯 traffic light

hóng sè 红色 red

hóu lóng 喉咙 throat

hóu lóng tòng 喉咙痛 sore throat

hòu jī tīng 候机厅 terminal (airport)

hòu mian 后面 behind (direction)

hòu zhěn shì 候诊室 waiting room

hū xī 呼吸 v breathe

hú 湖 lake

hù fà sù 护发素 conditioner

hù lián wǎng 互联网 internet

hù lián wǎng fú wù 互联网服务 internet service

hù shi 护士 nurse

hù zhào 护照 passport

hù zhào guǎn zhì 护照管制 passport control

huā 花 flower

huā fèi 花费 v cost

huā fěn zhèng 花粉症 hay fever

huá shuǐ bǎn 滑水板 water skis

huá tǐng 划艇 rowboat

huá xuě 滑雪 ski

huá xuě bǎn 滑雪板 snowboard

huá xuě gǎn 滑雪杆 poles (skiing)

huá xuě lǎn chē 滑雪缆车 ski lift

huà zhuāng rǔ yè 化妆乳液 lotion

huái yùn 怀孕 pregnant

huài le 坏了 damaged

huān yíng 欢 v welcome

huàn chē 换车 v change (buses)

huàn dì fāng 换地方 n exchange (place)

huàn niào bù 换尿布 n change (baby)

huàn qián 换钱 v change (money)

huáng sè 黄色 yellow

huī sè 灰色 gray

huí shōu 回收 recycling

huì yì 会议 conference, meeting

huì yì shì 会议室 meeting room

huì yì tīng 会议厅 convention hall

huì yuán zhèng 会员证 membership card

huǒ 火 fire

huǒ chái 火柴 n match (sports)

huǒ chē zhàn 火车站 train [railway BE] station

huǒ chē 火车 train

huò bì 货币 currency

huò bì duì huàn 货币兑换 currency exchange

huò bì duì huàn jú 货币兑换局 currency exchange office

J

jī è 饥饿 hungry

jī ròu 肌肉 muscle

jǐ zhuī 脊椎 spine (body part)

jì gōng 技工 mechanic

jì huà shēng yù yào piàn 计划生育药片 Pill (birth control)

jì niàn guǎn 纪念馆 memorial (place)

jì niàn pǐn 纪念品 souvenir

jì niàn pǐn shāng diàn 纪念品商店 souvenir store

jì shí qì 计时器 meter (parking)

jí shí xùn xī 即时讯息 instant message

jì suàn jī 计算机 computer

jiā dà hào 加大号 plus size

jià gé 价格 price

jiá kè 夹克 jacket

jiā ná dà 加拿大 Canada

jiā ná dà rén 加拿大人 Canadian

jiā rè 加热 heat

jiā rè qì 加热器 heater

jià rì 假日 vacation [holiday BE]

jiā rù 加入 v join

jiā tíng 家庭 family

jiā yòng wù pǐn 家用物品 household good

jiā yóu zhàn 加油站 gas [petrol BE] station

jiǎ yá 假牙 denture

jià zhí 价值 value

jiān bǎng 肩膀 shoulder

jiān dū 监督 supervision

jiān guō 煎锅 frying pan

jiān zhí 兼职 part-time

jiǎn 剪 v cut (hair)

jiǎn chá 检查 v check (something)

jiǎn dāo 剪刀 scissors

jiàn 件 case (amount)

jiàn kāng 健康 health

jiàn kāng shí pǐn shāng diàn 健康食品商店 health food store

jiàn miàn 见面 v meet (someone)

jiǎng huà 讲话 v speak

jiāo huàn 交换 v exchange (goods)

jiāo juǎn 胶卷 film (camera)

jiāo xiǎo 娇小 petite

jiǎo 脚 foot

jiǎo wàn 脚腕 ankle

jiǎo zhǐ 脚趾 toe

jiào shǎo 较少 less

jiào táng 教堂 church

jiào xǐng fú wù 叫醒服务 wake-up call

jiē shòu 接受 v receive

jiē zhòng 接种 vaccination

jié hūn 结婚 v marry

jié shù 结束 v end

jiě mèi 姐妹 sister

jiè jì kǎ 借记卡 debit card

jiè shào 介绍 v introduce

jiè zhi 戒指 ring

jīn tiān 今天 today

jīn wǎn 今晚 tonight

jīn zi 金子 gold

jǐn jí chū kǒu 紧急出口 emergency exit

jǐn jí zhuàng tài 紧急状态 emergency

jìn 近 close

jìn rù 进入 v enter, access

jìn yān 禁烟 non-smoking

jìn zhǐ 禁止 v prohibit

jīng jì cāng 济舱 economy class

jīng lǐ 理 manager

jīng qī fù tòng 期腹痛 menstrual cramp

jǐng chá 警察 police

jǐng chá jú 警察局 police station

jǐng chá bào gào 警察报告 police report

jǐng tài lán 景泰蓝 cloisonné

jìng piàn 镜片 lens

jiǔ bā 酒吧 bar (place)

jiǔ diàn 酒店 liquor store [off-licence BE]

jiù hù chē 救护车 ambulance

jiǔ lèi biǎo 酒类表 wine list

jiù shēng yī 救生衣 life jacket

jiù shēng yuán 救生员 lifeguard

jū zhù 居住 v live

jú zi 橘子 orange (color)

jù jué 拒绝 v decline (credit card)

jù lè bù 俱乐部 club

jù yuàn 剧院 theater

jué shì yuè 爵士乐 jazz

jué shì yuè jù lè bù 爵士乐俱乐部 jazz club

K

kā fēi diàn 咖啡店 coffee shop

kǎ 卡 card

kǎ lù lǐ 卡路里 calorie

kāi 开 turn on (lights)

kāi chē 开车 v drive

kāi chǔ fāng 开处方 v prescribe

kāi fù kuǎn dān 开付款单 *v* bill (charge)

kāi guàn qì 开罐器 can opener

kāi sāi zuàn 开塞钻 corkscrew

kāi shǐ 开始 *v* begin

kāi shǐ 开始 *v* start

kāi wèi cài 开胃菜 appetizer [starter BE]

kāi zhe 开着 *adj* open

kàn 看 *v* look

kàn jiàn 看见 *v* see

kàng shēng sù 抗生素 antibiotic

kǎo ròu 烤肉 barbecue

kào guò dào de wèi zi 靠过道的位子 aisle seat

kē lóng xiāng shuǐ 科隆香水 cologne

kē xué 科学 science

ké sou 咳嗽 cough

kě kǒu 可口 delicious

kě pà 可怕 terrible

kě 渴 thirsty

kè 克 gram

kè cāng 客舱 cabin

kè chéng 课程 lesson

kè fáng qīng jié fú wù 客房清洁服务 housekeeping services

kè fáng sòng cān fú wù 客房送餐服务 room service

kōng tiáo 空调 air conditioning

kǒu dài 口袋 pocket

kǒu xiāng táng 口香糖 chewing gum

kǒu yì yuán 口译员 interpreter

kù wà 裤袜 pantyhose [tights BE]

kuài 快 express

kuài cān 快餐 fast food

kuài sù 快速 fast

kuài zi 筷子 chopsticks

kùn nan 困难 difficult

---

lā *v* pull

lā jī 垃圾 trash [rubbish BE]

lā jī dài 垃圾袋 garbage [rubbish BE] bag

là 辣 hot (spicy)

lái 来 *v* come

lán sè 蓝色 blue

lán qiú 篮球 basketball

lǎn chē 缆车 cable car

lǎn chē piào 缆车票 lift pass

làng màn 浪漫 romantic

lǎo 老 old

lǎo nián rén 老年人 senior citizen

lè qù 乐趣 pleasure

léi yǔ 雷雨 thunderstorm

lèi gǔ 肋骨 rib (body part)

lèi le 累了 tired

lěng 冷 cold (temperature)

lěng dòng jī 冷冻机 freezer

lí hūn 离婚 *v* divorce

lí kāi 离开 departures

lí mǐ 厘米 centimeter

lǐ bài 礼拜 mass (church service)

lǐ chéng shù 里程数 mileage

lǐ fà 理发 haircut

lǐ fà shī 理发师 barber

lǐ jiě 理解 *v* understand

lǐ pǐn diàn 礼品店 gift shop

lǐ wù 礼物 gift

lián jiē 连接 *v* connect (internet)

lián xì 联系 *v* contact

lián yī qún 连衣裙 dress (piece of clothing)

liáng 凉 cool (temperature)

liáng bēi 量杯 measuring cup

liáng chí 量匙 measuring spoon
liáng xié 凉鞋 sandals
lín shí 临时 temporary
lín yù 淋浴 shower
líng qián 零钱 v change (money)
lǐng dài 领带 tie (clothing)
lǐng shì guǎn 领事馆 consulate
lìng rén jīng qí de 令人惊奇的 amazing
liú dòng xìng 流动性 mobility
liú xíng yīn yuè 流行音乐 pop music
liú xuè 流血 v bleed
lóng 聋 deaf
lóu céng 楼层 floor [storey BE]
lú zi 炉子 stove
lù quán 路权 right of way
lù xiàn 路线 route
lù xiàn tú 路线图 road map
lù yíng 露营 v camp
lù yíng dì 露营地 campsite
lù yíng lú 露营炉 camping stove
lún dù 轮渡 ferry
lún tāi 轮胎 tire [tyre BE]
lún yǐ 轮椅 wheelchair
lún yǐ dào 轮椅道 wheelchair ramp
lǚ chéng 旅程 trip
lǚ guǎn 旅馆 hotel
lǚ xíng shè 旅行社 travel agency
lǚ xíng zhī piào 旅行支票 travelers check [cheque BE]
lǚ yóu xìn xī bàn gōng shì 旅游信息办公室 tourist information office
lǚ shè 旅舍 hostel
lǜ sè 绿色 green
lǜ shī 律师 lawyer

M

má zuì 麻醉 anesthesia
mǎi 买 v buy
mài 卖 v sell
mài huā rén 卖花人 florist
màn màn dì 慢慢地 slowly
máng cháng 盲肠 appendix (body part)
máo jīn 毛巾 towel
máo yī 毛衣 sweater
mào zi 帽子 hat
méi guān xi 没关系 you're welcome
méi shén me 没什么 nothing
méi yǒu 没有 without
méi yǒu zhī jué 没有知觉 unconscious
měi 每 every
měi tiān 每天 per day
měi wǎn 每晚 per night
měi xiǎo shí 每小时 per hour
měi xīng qī 每星期 per week
měi zhōu 每周 weekly
měi guó 美国 United States (U.S.)
měi guó rén 美国人 American
měi jiǎ shā lóng 美甲沙龙 nail salon
měi lì 美丽 beautiful
měi yuán 美元 dollar (U.S.)
mǐ huáng sè 米黄色 beige
mì mǎ 密码 password
mián hua 棉花 cotton
miǎn fèi 免费 free
miǎn shuì 免税 duty-free
miàn bāo diàn 面包店 bakery
miàn bù 面部 facial
miàn jīn zhǐ 面巾纸 tissue

miàn kǒng 面孔 face

mín jiān yīn yuè 民间音乐 folk music

míng piàn 名片 business card

míng tiān 明天 tomorrow

míng xìn piàn 明信片 postcard

míng zì 名字 name

mó sī 摩丝 mousse (hair)

mó tuō chē 摩托车 motorcycle

mǔ qīn 母亲 mother

mǔ rǔ wèi yǎng 母乳喂养 breastfeed

mù tàn 木炭 charcoal

N

ná zǒu 拿走 to go [take away BE]

nǎ lǐ 哪里 where

nà 那 that

nà lǐ 那里 there

nǎi fěn 奶粉 formula (baby)

nǎi píng 奶瓶 baby bottle

nán 南 south

nán hái 男孩 boy

nán kàn 难看 ugly

nán nèi kù 男内裤 briefs (clothing)

nán péng you 男朋友 boyfriend

nán rén 男人 man

nán tóng xìng liàn 男同性恋 gay

nán tóng xìng liàn jiǔ bā 男同性恋酒吧 gay bar

nán tóng xìng liàn jù lè bù 男同性恋俱乐部 gay club

nèi kù 内裤 underwear [underpants BE]

nǐ hǎo 你好 hello

nián 年 year

nián líng 年龄 age

nián qīng 年轻 young

niǎo 鸟 bird

niào 尿 urine

niào bù 尿布 diaper [nappy BE]

niú zǎi kù 牛仔裤 jeans

niǔ shāng 扭伤 sprain

nóng chǎn pǐn 农产品 produce

nóng chǎn pǐn shāng diàn 农产品商店 produce store

nóng chǎng 农场 farm

nuǎn huo 暖和 *adj* warm (temperature)

nuǎn qì 暖气 heat [heating BE]

nǚ chèn shān 女衬衫 blouse

nǚ fú wù yuán 女服务员 waitress

nǚ hái 女孩 girl

nǚ péng you 女朋友 girlfriend

O

ǒu tù 呕吐 *v* vomit

P

pái qiú sài 排球赛 volleyball game

pán zi 盘子 plate

páng guāng 膀胱 bladder

pǎo mǎ chǎng 跑马场 racetrack

pèi cài 配菜 side dish

pèi yào fāng 配药方 *v* fill [make up BE] (a prescription)

pēn fà jì 喷发剂 hairspray

pēn quán 喷泉 fountain

pēng tiáo 烹调 *v* cook

pēng tiáo méi qì 烹调煤气 cooking gas

péng you 朋友 friend
pí dài 皮带 belt
pí fū 皮肤 skin
pí gé 皮革 leather
pí zhěn 皮疹 rash
pì gu 屁股 buttocks
pián yi 便宜 cheap
piàn 片 piece
piàn jì 片剂 tablet (medicine)
piào 票 ticket
pīn xiě 拼写 v spell
pín xuè 贫血 anemic
píng 瓶 bottle
píng dǐ guō 平底锅 saucepan
píng qǐ zi 瓶启子 bottle opener
pò le 破了 broken
pò qiè 迫切 urgent
pú táo yuán 葡萄园 vineyard
pǔ tōng 普通 regular
pù bù 瀑布 waterfall
pù wèi 铺位 berth

Q

qī zi 妻子 wife
qī jiān 期间 period (of time)
qī qì 漆器 lacquerware
qí guài 奇怪 strange
qǐ fēi 起飞 v leave
qì tǒng 气筒 air pump
qì chuǎn 气喘 asthmatic
qì chē 汽车 car
qì chē zhàn 汽车站 bus station
qì chē zuò wèi 汽车座位 car seat
qì chuán 汽船 motor boat
qì yóu 汽油 gas [petrol BE]
qì mǐn 器皿 utensil

qiān yǐn lǎn chē 牵引缆车 drag lift
qiān zhèng 签证 visa
qiān zì 签字 v sign
qián 钱 money
qián bāo 钱包 purse, wallet
qián shuǐ 潜水 v dive
qián shuǐ yòng jù 潜水用具 diving equipment
qiáng jiān 强奸 rape
qiǎng 抢 v mug
qiǎng duó 抢夺 v rob
qiáo liáng 桥梁 bridge
qiào bì 峭壁 cliff
qiē piàn 切片 slice (of something)
qīn wěn 亲吻 v kiss
qīng biàn xiǎo chuáng 轻便小床 cot
qīng biàn zhé dié tǎng yǐ 轻便折叠躺椅 deck chair
qīng chú 清除 v clear (on an ATM)
qīng jié chǎn pǐn 清洁产品 cleaning product
qīng jié chǎn pǐn gōng yìng 清洁产品供应 cleaning supplies
qīng méi sù 青霉素 penicillin
qīng nián lǚ shè 青年旅舍 youth hostel
qīng xǐ 清洗 v clean
qīng zhēn shí pǐn 清真食品 halal
qīng zhēn sì 清真寺 mosque
qíng lǎng 晴朗 sunny
qǐng 请 please
qiú pāi 球拍 racket (sports)
qū gùn qiú 曲棍球 hockey
qū hà 区号 area code
qū yù 区域 region
qǔ 取 pick up (something)
qǔ qián 取钱 withdrawal (bank)
qǔ xiāo 取消 v cancel

qù 去 *v* go (somewhere)

quán miàn fú wù 全面服务 full service

quán jī bǐ sài 击比赛 boxing match

qún zi 裙子 skirt

R

rè 热 hot (temperature)

rè shuǐ 热水 hot water

rén mín bì 人民币 Ren Min Bi

rén mín dà huì táng 人民大会堂 Great Hall of the People

rèn hé dōng xi 任何东西 anything

rì běn 日本 Japanese (restaurant)

rì chéng biǎo 日程表 *n* schedule

rì qī 日期 date (calendar)

róng yì 容易 easy

rǔ fáng 乳房 breast

rǔ táng guò mǐn 乳糖过敏 lactose intolerant

rù chǎng 入场 admission

rù kǒu 入口 entrance

ruò shì zhě 弱视者 visually impaired

S

sǎn 伞 umbrella

sǎo miáo qì 扫描器 scanner

sēn lín 林 forest

shā chóng jì 杀虫剂 insect repellent

shā guō 砂锅 clay pot

shā mò 沙漠 desert

shài shāng 晒伤 sunburn

shān 山 mountain

shān dì chē 山地车 mountain bike

shān dǐng 山顶 peak (of a mountain)

shān lù tú 山路图 trail map

shān lù xiǎo jìng 山路小径 trail

shān chú 删除 *v* delete

shāng kǒu 伤口 *n* cut (injury)

shāng xīn 伤心 sad

shāng diàn mù lù 商店目录 store directory

shāng wù 商务 business

shāng wù cāng 商务舱 business class

shāng yè zhōng xīn 商业中心 business center

shàng bù 上部 upper

shàng wǔ 上午 a.m.

shāo 烧 *v* burn

sháo zi 勺子 spoon

shǎo xǔ 少许 little

shé tóu 舌头 tongue

shè bèi 设备 equipment

shè shì 摄氏 Celsius

shè yǐng 摄影 photography

shēn bào 申报 *v* declare

shēn shēn de 深深地 deeply

shén me 什么 what

shén me shí hòu 什么时候 when

shèn zàng 肾脏 kidney (body part)

shēng jiàng yǐ 升降椅 chair lift

shēng rì 生日 birthday

shī mián 失眠 insomnia

shī qù 失去 lost

shī wù zhāo lǐng chù 失物招领处 lost and found

shī yè zhě 失业者 unemployed

shí èr 十二 dozen

shí zì lù kǒu 十字路口 intersection

shí jiān 时间 time

hí jiān biǎo 时间表 schedule
[timetable BE]

hí wù 食物 food

hǐ yòng 使用 v use

hì chǎng 市场 market

hì qū dì tú 市区地图 town map

hì zhèng tīng 市政厅 town hall

hì zhōng xīn 市中心 downtown

hì zhōng xīn guǎng chǎng 市中心
广场 town square

hì hé 适合 fit (clothing)

hì gù 事故 accident

hì yī jiān 试衣间 fitting room

hì 是 yes

hì 是 v be

hì nèi yóu yǒng chí 室内游泳池
indoor pool

hì wài yóu yǒng chí 室外游泳池
outdoor pool

shōu fèi 收费 n charge (cost)

shōu jù 收据 receipt

shǒu 手 hand

shǒu biǎo 手表 watch

shǒu diàn 手电 flashlight

shǒu dòng qì chē 手动汽车 manual
car

shǒu jī 手机 cell [mobile BE]
phone

shǒu tí xiāng 手提箱 suitcase

shǒu tí xíng li 手提行李 carry-on
[hand luggage BE]

shǒu tuī chē 手推车 cart (grocery
store)

shǒu wàn 手腕 wrist

shǒu zhǐ 手指 finger

shǒu zhuó 手镯 bracelet

shǒu shì 首饰 jewelry

shòu piào chù 售票处 ticket office

shū 书 book

shū diàn 书店 bookstore

shū fǎ yòng pǐn 书法用品
calligraphy supplies

shū zi 梳子 comb, hairbrush

shú shí 熟食 delicatessen

shù 树 tree

shù mǎ 数码 digital

shù mǎ xiàng jī 数码相机 digital
camera

shù mǎ xiàng piàn 数码相片 digital
photos

shù mǎ yìn shuā pǐn 数码印刷品
digital prints

shù zì 数字 number

shuāng chéng 双程 round-trip

shuāng rén chuáng 双人床 double
bed

shuí/shéi 谁 who

shuǐ cáo 水槽 sink

shuǐ chí 水池 pool

shuǐ jīng 水晶 crystal

shuǐ xià hū xī shè bèi 水下呼吸设备
snorkeling equipment

shuì dài 睡袋 sleeping bag

shuì jiào 睡觉 v sleep

shuì yī 睡衣 pajamas

shuì yì 睡意 drowsiness

shuō chàng yuè 说唱乐 rap
(music)

sī chóu 丝绸 silk

sī jī jià zhào hào 司机驾照号 driver's
license number

sì miào 寺庙 shrine, temple
(religious)

sòng 送 v send

sù liào bāo zhuāng 塑料包装 plastic
wrap [cling film BE]

sù shè 宿舍 dormitory

sù shí zhě 素食者 vegetarian

sù zuì 宿醉 hangover

sūn zi 孙子 grandchild

sǔn shāng 损伤 *v* damage

suǒ 锁 *n* lock

T

T xù shān T恤衫 T-shirt

tǎ 塔 tower

tái jiē 台阶 stairs

tài 太 too

tài yáng 太阳 sun

tài yáng jìng 太阳镜 sunglasses

tài nuò 泰诺 acetaminophen [paracetamol BE]

tǎn zi 毯子 blanket

tàn bìng shí jiān 探病时间 visiting hours

tāng sháo 汤勺 ceramic spoon

táng guǒ 糖果 candy

táng niào bìng 糖尿病 diabetic

táo qì 陶器 pottery

tè dà hào 特大号 extra large

téng 疼 hurt, pain

tí bāo 提包 purse [handbag BE]

tǐ cāo 体操 gym

tǐ yù 体育 sports

tǐ yù àn mó 体育按摩 sports massage

tǐ yù chǎng 体育场 stadium

tǐ yù yòng pǐn shāng diàn 体育用品商店 sporting goods store

tì xū dāo 剃须刀 razor blade

tì xū gāo 剃须膏 shaving cream

tiān 天 day

tiān qì 天气 weather

tián 甜 sweet (taste)

tián diǎn 甜点 candy [sweets BE]

tián chōng wù 填充物 filling (tooth)

tián xiě 填写 fill out (form)

tiáo 条 carton

tiáo zhǒu 笤帚 broom

tiào wǔ 跳舞 *v* dance

tiě guǐ 铁轨 track (train)

tīng lì zhàng ài 听力障碍 hearing impaired

tíng chē 停车 *v* park

tíng chē chǎng 停车场 parking lot [car park BE]

tíng chē jì shí qì 停车计时器 parking meter

tōng zhī 通知 *v* notify

tóng 铜 copper

tóng shì 同事 colleague

tòng 痛 pain

tōu 偷 *v* steal

tōu qiè 偷窃 theft

tóu 头 head (body part)

tóu děng cāng 头等舱 first class

tóu fà 头发 hair

tóu hūn yǎn huā 头昏眼花 dizzy

tóu kuī 头盔 helmet

tóu téng 头疼 headache

tú hù 屠户 butcher

tú shū guǎn 图书馆 library

tuī jiàn 推荐 *v* recommend; ~ *n* recommendation

tuǐ 腿 leg

tuì chū 退出 log off, withdraw

tuì fáng 退房 check-out (hotel)

tuì xiū 退休 retired

tūn xià 吞下 *v* swallow

tuō chē 拖车 tow truck
tuō xié 拖鞋 slippers
tuō yùn 托运 *v* check (luggage)

V

V lǐng V领 V-neck

W

wà zi 袜子 sock
wài miàn 外面 outside
wài tào 外套 coat
wán 玩 *v* play
wán jù 玩具 toy
wán jù diàn 玩具店 toy store
wán jù wá wá 玩具娃娃 doll
wǎn 碗 bowl
wǎn cān 晚餐 dinner
wǎn diǎn 晚点 *v* delay
wǎn le 晚了 late (time)
wǎn shang 晚上 evening
wǎn shang hǎo 晚上好 good evening
wǎng ba 网吧 internet cafe
wǎng qiú 网球 tennis
wēi bō lú 微波炉 microwave
wēi xiǎn 危险 dangerous
wéi 为 for
wéi jīn 围巾 scarf
wéi shēng sù 维生素 vitamin
wèi shēng zhǐ 卫生纸 toilet paper
wèi 胃 stomach
wèi téng 胃疼 stomachache
wēn nuǎn 温暖 *v* warm (something)
wēn quán 温泉 hot spring, spa
wén zì 文字 *n* text (message)

wèn tí 问题 problem, question
wèn xùn chù 问讯处 information desk
wò pù chē 卧铺车 sleeper car
wú jiǔ jīng 无酒精 non-alcoholic
wú liáo de 无聊的 boring
wú qiān 无铅 unleaded (gas)
wú rén kān guǎn 无人看管 unattended
wú wèi 无味 bland
wú xiàn hù lián wǎng 无线互联网 wireless internet
wú xiàn hù lián wǎng fú wù 无线互联网服务 wireless internet service
wú zhī fáng 无脂肪 fat free
wǔ cān 午餐 lunch
wǔ dǎo jù lè bù 舞蹈俱乐部 dance club
wǔ jiān 午间 noon [midday BE]
wǔ yè 午夜 midnight
wù pǐn 物品 goods

X

xī bù 西部 west
xī chén qì 吸尘器 vacuum cleaner
xī fú tào zhuāng 西服套装 suit
xī zhǐ 锡纸 aluminum [kitchen BE] foil
xī gài 膝盖 knee
xī yān 吸烟 *v* smoke
xī yān qū 吸烟区 smoking (area)
xǐ dí jì 洗涤剂 detergent
xǐ huan 喜欢 *v* like
xǐ shǒu jiān 洗手间 restroom [toilet BE]
xǐ wǎn jī 洗碗机 dishwasher
xǐ wǎn yè 洗碗液 dishwashing liquid

xǐ yī diàn 洗衣店 laundromat [launderette BE]

xǐ yī diàn shè shī 洗衣店设施 laundry facility

xǐ yī fú wù 洗衣服务 laundry service

xǐ yī jī 洗衣机 washing machine

xì jù 戏剧 n play (theatre)

xiá gǔ 峡谷 canyon

xiá gǔ 峡谷 ravine

xià 下 v place (a bet)

xià chē 下车 get off (a train/bus/subway)

xià hé 下颌 jaw

xià shuǐ dào shū tōng qì 下水道疏通器 plunger

xià wǔ 下午 afternoon

xià wǔ 下午 p.m.

xià wǔ hǎo 下午好 good afternoon

xià yí gè 下一个 next

xiàn 线 line (train)

xiàn chǎng yīn yuè 现场音乐 live music

xiǎn shì 显示 display

xiǎn shì 显示 v show

xiàn jīn 现金 n cash

xiàn zài 现在 now

xiāng bō 香波 shampoo

xiāng fǎn 相反 opposite

xiāng shuǐ 香水 perfume

xiāng yān 香烟 cigarette

xiāng zǐ 箱子 box

xiǎng yòng 享用 v enjoy

xiàng liàn 项链 necklace

xiàng pí nǎi zuǐ 橡皮奶嘴 pacifier [soother BE]

xiàng piàn 相片 photo

xiāo dú yào gāo 消毒药膏 antiseptic cream

xiāo fáng duì 消防队 fire department

xiāo shòu shuì 销售税 sales tax

xiǎo 小 small

xiǎo cān guǎn 小餐馆 cafe

xiǎo chǎn zi 小铲子 spatula

xiǎo chī diàn 小吃店 snack bar

xiǎo chuán 小船 boat

xiǎo dào 小道 trail [piste BE]

xiǎo dào lù xiàn tú 小道路线图 trail [piste BE] map

xiǎo jiǔ bā 小酒吧 mini-bar

xiǎo shān 小山 hill

xiǎo shí 小时 hour

xiǎo tōu 小偷 thief

xiǎo xī 小溪 stream

xiǎo xíng kè chē 小型客车 station wagon

xiǎo zǔ 小组 group

xié dài 鞋带 lace

xié diàn 鞋店 shoe store

xié zi 鞋子 shoes

xié wén cū mián bù 斜纹粗棉布 denim

xiě 写 v write

xiè xiè 谢谢 thank you

xīn zàng 心脏 heart

xīn zàng bìng 心脏病 heart condition

xīn shǒu 新手 novice (skill level)

xīn xiān 新鲜 fresh

xìn fēng 信封 envelope

xìn jiàn 信件 letter

xìn xī 信息 information (phone); ~ 信息 message

xìn yòng kǎ 信用卡 credit card

xīng qī 星期 week
xíng rén 行人 pedestrian
xíng li 行李 luggage [baggage BE]
xíng li piào 行李票 luggage ticket
xíng li rèn lǐng 行李认领 baggage claim
xíng li tuī chē 行李推车 cart (luggage)
xíng li zàn cún xiāng 行李暂存箱 luggage locker
xǐng 醒 v wake
xìng chuán bō jí bìng 性传播疾病 sexually transmitted disease (STD)
xiōng dì 兄弟 brother
xiōng kǒu 胸口 chest (body part)
xiōng kǒu tòng 胸口痛 chest pain
xiōng zhào 胸罩 bra
xiū dào yuàn 修道院 abbey, monastery
xiū jià 休假 vacation
xiū jiǎo zhǐ jiǎ 修脚趾甲 pedicure
xiū lǐ 修理 v fix (repair), mend
xiū shǒu zhǐ jiǎ 修手指甲 manicure
xū hòu shuǐ 须后水 aftershave
xū yào 需要 v need
xuē zi 靴子 boots
xué shēng 学生 student
xué xí 学习 study
xué xiào 学校 school
xuě jiā 雪茄 cigar
xuě xuē 雪靴 snowshoe
xuè yā 血压 blood pressure
xuè yè 血液 blood
xún huán 环 cycling

yá 牙 tooth
yá gāo 牙膏 toothpaste
yá yī 牙医 dentist
yà má bù 亚麻布 linen
yà zhōu 亚洲 Asian (restaurant)
yān cǎo líng shòu shāng 烟草零售商 tobacconist
yán sè 颜色 color
yán sù 严肃 serious
yán tǎo huì 研讨会 seminar
yǎn jīng 眼睛 eye
yǎn jìng 眼镜 glasses
yàn guāng shī 验光师 optician
yáng máo 羊毛 wool
yǎng qì zhì liáo 氧气治疗 oxygen treatment
yáo lán 摇篮 crib
yào 药 medication
yào fáng 药房 pharmacy [chemist BE]
yào gāo 药膏 cream (ointment)
yào sài 要塞 fort
yào shi 钥匙 key
yào shi kǎ 钥匙卡 key card
yào shi quān 钥匙圈 key ring
yào xǐ 要洗 laundry
yě cān qū 野餐区 picnic area
yè 夜 night
yè zǒng huì 夜总会 nightclub
yī lóu 一楼 ground floor
yī wù 衣物 clothing
yī wù guì 衣物柜 locker
yī shēng 医生 doctor
yī yào 医药 medicine
yī yuàn 医院 hospital

yí cì 一次 once

yí cì xìng 一次性 disposable

yí cì xìng tì dāo 一次性剃刀 disposable razor

yí dǎo sù 胰岛素 insulin

yí dòng diàn huà 移动电话 cell [mobile BE] phone

yǐ hòu 以后 after, later

yǐ qián 以前 before

yǐ zi 椅子 chair

yì shù 艺术 arts

yì tiān 一天 one day

yì xiē 一些 some

yīn yuè 音乐 music

yīn yuè huì 音乐会 concert

yīn yuè shāng diàn 音乐商店 music store

yīn yuè tīng 音乐厅 concert hall

yīn dào 阴道 vagina

yīn dào chuán rǎn 阴道传染 vaginal infection

yīn jìng 阴茎 penis

yín 银 silver

yín háng 银行 bank

yǐn liào 饮料 n drink

yǐn liào dān 饮料单 drink menu

yǐn yòng shuǐ 饮用水 drinking water

yǐn xíng yǎn jìng 隐形眼镜 contact lens

yǐn xíng yǎn jìng yè 隐形眼镜液 contact lens solution

yīng bàng 英镑 pounds (British sterling)

yīng guó 英国 United Kingdom (U.K.)

yīng guó rén 英国人 British

yīng yǔ 英语 English

yīng ér 婴儿 baby

yīng ér chē 婴儿车 stroller [pushchair BE]

yīng ér zhǐ jīn 婴儿纸巾 baby wipe

yíng yè shí jiān 营业时间 business hours

yìng bì 硬币 coin

yōng bào 拥抱 v hug

yòng hù míng 用户名 username

yòng jìn 用尽 exhausted

yòng xìn yòng kǎ fù kuǎn 用信用卡付款 v charge (credit card)

yóu 油 oil

yóu jì 邮寄 v mail

yóu jiàn 邮件 n mail [post BE]

yóu jú 邮局 post office

yóu piào 邮票 n stamp (postage)

yóu xiāng 邮箱 mailbox [postbox BE]

yóu tài jiào táng 犹太教堂 synagogue

yóu tài shí pǐn 犹太食品 kosher

yóu dàng zhě 游荡者 loafers

yóu lǎn 游览 excursion, tour

yóu lǎn shèng dì 游览胜地 attraction (place)

yóu lè yuán 游乐园 amusement park

yóu rén 游人 tourist

yóu xì 游戏 game

yóu xì wéi lán 游戏围栏 playpen

yóu yǒng 游泳 v swim

yóu yǒng yī 游泳衣 swimsuit

yǒu kōng fáng 有空房 vacancy

yǒu 有 have

yǒu qù 有趣 interesting

yǒu xī yǐn lì de 有吸引力的 attractive

yú kuài 愉快 happy
yú lè 娱乐 entertainment
yǔ 雨 *n* rain
yǔ lín 雨林 rainforest
yǔ yī 雨衣 raincoat
yù bào 预报 forecast
yù dìng 预定 *v* reserve ; ~ *n* reservation
yù dìng rì chéng 预定日程 *v* schedule
yù zhī xiàn jīn 预支现金 cash
yù shì 浴室 bathroom [toilet BE]
yuán 元 yuan (currency)
yuán liàng 谅 *v* excuse
yuán lǐng 圆领 crew neck
yuǎn 远 far
yuàn yán 怨言 complaint
yuē huì 约会 appointment
yuè 月 month
yuè jīng 月 period (menstrual)
yuè jīng shuān 月栓 tampon
yuè duì 乐队 orchestra
yūn dòng bìng 晕动病 motion sickness
yūn dòng bìng 晕动病 travel sickness
yǔn xǔ 允许 *v* allow, permit
yùn dòng chǎng 运动场 field (sports)
yùn dòng shān 运动衫 sweatshirt
yùn dòng xié 运动鞋 sneaker
yùn sòng 运送 *v* ship (mail)
yùn 熨 *v* press (clothing)
yùn dǒu 熨斗 *n* iron
yùn yī fu 熨衣服 *v* iron

Z

zá huò diàn 杂货店 grocery store
zá zhì 杂志 magazine
zài 在 in
zài guǎi jiǎo chù 在拐角处 on the corner
zài jiàn 再见 goodbye
zǎo 早 early
zǎo cān 早餐 breakfast
zǎo chén 早晨 morning
zǎo chen hǎo 早晨好 good morning
zěn me 怎么 how
zhá 闸 brakes (car)
zhàn 站 station, stop
zhàn chǎng 战场 battleground
zhàn tái 站台 platform
zhàn zhēng jì niàn guǎn 战争纪念馆 war memorial
zhàng fu 丈夫 husband
zhàng dān 账单 *n* bill (of sale)
zhàng hù 账户 *n* account
zhàng péng 帐篷 tent
zhàng péng gǎn 帐篷杆 tent pole
zhàng péng zhuāng 帐蓬桩 tent peg
zhāo dài huì 招待会 reception
zhào xiàng jī 照相机 camera
zhào xiàng jī tào 照相机套 camera case
zhào xiàng qì cái shāng diàn 照相器材商店 camera store
zhē zhé 蜇 *v* sting
zhé kòu 折扣 discount
zhè 这 this
zhè lǐ 这里 here

221

zhēn jiǔ 针灸 acupuncture

zhēn zhū 珍珠 pearl

zhēn zhèng 真正 real

zhěn tóu 枕头 pillow

zhèn 镇 town

zhèn jīng 震惊 stunning

zhēng guō 蒸锅 steamer

zhēng qì yù 蒸汽浴 sauna

zhèng jiàn 证件 identification

zhèng míng 证明 certificate

zhèng shí 证实 v confirm

zhèng zhuàng 症状 condition (medical)

zhī fù 支付 v pay

zhī piào 支票 n check [cheque BE] (payment)

zhī piào zhàng hù 支票账户 checking [current BE] account

zhí 直 straight

zhí wù yuán 植物园 botanical garden

zhǐ hàn lù 止汗露 deodorant

zhǐ 只 only

zhǐ 纸 paper

zhǐ bì 纸币 n bill [note BE] (money)

zhǐ jīn 纸巾 paper towel

zhǐ jia 指甲 fingernail

zhǐ jia cuò 指甲锉 nail file

zhǐ nán 指南 n guide

zhǐ nán shū 指南书 guide book

zhǐ jiǎ 趾甲 toenail

zhì liàng 质量 quality

zhōng děng 中等 medium (size)

zhōng guó 中国 China

zhōng guó huà 中国 Chinese painting

zhōng wén 中文 Chinese

zhōng wǔ 中午 noon

zhǒng zhàng 肿胀 swelling

zhòng shǔ 中暑 sunstroke

zhōu mò 周末 weekend

zhǒu 肘 elbow

zhū bǎo shāng 珠宝商 jeweler

zhǔ cài 主菜 main course

zhù sù 住宿 accommodation

zhù shǒu 住手 v stop

zhǔ yào jǐng diǎn 主要景点 main attraction

zhù zài 住在 v stay

zhuān jiā 专家 specialist (doctor)

zhuǎn 转 v transfer (change trains/flights)

zhuǎn jī 转机 connection (flight)

zhuǎn zhàng 转账 v transfer (money)

zhuàng guān 壮观 magnificent

zhuàng 撞 v crash (car)

zhǔn bèi hǎo 准备好 ready

zhuō zǐ 桌子 table

zhuó zhuāng yāo qiú 着装要求 dress code

zǐ sè 紫色 purple

zì dòng 自动 automatic

zì dòng fú tī 自动扶梯 escalator

zì dòng qì chē 自动汽车 automatic car

zì dòng qǔ kuǎn jī 自动取款机 ATM

zì rán bǎo hù qū 自然保护区 nature preserve

zì xíng chē 自行车 bicycle

zì xíng chē lù xiàn 自行车路线 bike route

zì zhù 自助 self-service

zǒu 走 v walk

zū 租 v rent

zū yòng qì chē 租用汽车 rental [hire BE] car

zú qiú sài 足球赛 soccer [football BE]

zǔ fù/mǔ 祖父/母 grandparent

zuàn shí 钻石 diamond

zuǐ 嘴 mouth

zuǐ chún 嘴唇 lip

zuì hǎo 最好 best

zuì hòu 最后 last

zuó tiān 昨天 yesterday

zuǒ bian 左边 left (direction)

zuò xià 坐下 v sit